Johannes Bartels

Die Null-Euro-Tour

Kein Geld, keine Sicherheit, aber jede
Menge Gottvertrauen

2. Auflage

Bibliografische Information der Deutschen Nationalbibliothek:
Die Deutsche Nationalbibliothek verzeichnet diese Publikation in
der Deutschen Nationalbibliografie; detaillierte bibliografische
Daten sind im Internet über dnb.dnb.de abrufbar.

Verlag: BoD · Books on Demand GmbH, In de Tarpen 42,
22848 Norderstedt

Druck: Libri Plureos GmbH, Friedensallee 273, 22763 Hamburg

ISBN: 978-3-7693-0804-4

Für Doris, meine liebe Frau

und Doris, die Gastgeberin der Null-Euro-Tour 2019

Inhalt

Kopieren erlaubt!

Vorwort von Arno Backhaus

Als ich 1985 mit 12 Kindern zwischen 12 und 14 Jahren in Nordhessen drei Tage querfeldein gewandert bin, ohne Geld, Karte, Kompass, Zelt und ohne Ziel, konnte ich nicht ahnen, dass das Experiment 30 Jahre später verfeinert und „professioneller" durchgeführt würde. Ein bunt gewürfelter Haufen von 20 Jugendlichen und jungen Erwachsenen aus Sachsen macht sich sechs Tage auf den Weg, versucht sich, ohne einen Euro in der Tasche, schlafensmäßig, arbeits- und verpflegungsmäßig durchzuschlagen, frei nach dem biblischen Motto: „Schafft euch kein Reisegeld, weder Goldstücke noch Silber- oder Kupfergeld! … Denn wer arbeitet, hat ein Anrecht auf Unterhalt." (Matthäus 10,9-10).

Ein absolut spannender und aufregender Reisebericht, ein Handbuch für verrückte Jugendliche und junge Erwachsene zum Nachahmen oder einfach nur zum Staunen. Wer den Reisebericht „Mit 50 Euro um die Welt" von Christoph Schacht verschlungen hat, findet hier, auf kleiner deutscher „Sparflamme", ähnliche außergewöhnliche Berichte, wie Gott schützt, trägt, durchhilft und motiviert. Denn die Null-Euro-Tour lebt vom Gottvertrauen. Was 2015 als Experiment begonnen hat, ist inzwischen zur Institution geworden. Seit 2015 findet die Null-Euro-Tour jedes Jahr statt. Auch an anderen Orten in Deutschland.

Arno Backhaus

Null-Euro-Tour – ein Konzept mit Potenzial

Wir leben im Zeitalter des „Übertourismus": Angesagt sind Flugreisen, Kreuzfahrten, All-inclusive-Angebote. Was für viele vielleicht aufregend klingt, ist in der Praxis aber oft wenig spannend: Alles ist durchgeplant und durchgestylt, es gibt kaum Spielraum für spontane Begegnungen oder unvorhergesehene Herausforderungen. Abgesehen davon können sich viele solche Reisen gar nicht leisten. Und von Nachhaltigkeit wollen wir gar nicht erst reden…

Doch es gibt auch Gegenmodelle eines sanften Tourismus. Eines davon ist die „Null-Euro-Tour". Sie kommt ohne Geld und ohne Sicherheiten aus – und wird für die Teilnehmenden in den meisten Fällen doch zur unbezahlbaren Erfahrung.

Bisher ist die Null-Euro-Tour höchstens ein Geheimtipp – zu Unrecht, wie ich finde. Das Konzept hat so viel Potenzial, dass es etwas mehr Aufmerksamkeit verdient. Dafür habe ich dieses Buch geschrieben.

Ich möchte hier das Konzept der Null-Euro-Tour vorstellen. Dazu dienen zunächst eigene Erfahrungsberichte aus den Jahren 2015-2024. Daran anschließend reflektiere ich das (religions-)pädagogische Potenzial der Null-Euro. Einige Hinweise für die Praxis runden die Sache ab.

Meiner Frau Doris danke ich für die vielfältige Unterstützung – nicht zuletzt durch gründliches Korrekturlesen.

Auf der Null-Euro-Tour erlebt –
Erfahrungen aus den Jahren 2015 – 2024

„Das gibt's doch nicht: Ein Mann, der bügelt!"
Vom Erzgebirge ins Vogtland (2015)

Montag, 13.7.2015

Am Bahnhof des Erzgebirgsdorfs Hartenstein treffen nach und nach schwer bepackte Jugendliche aus verschiedenen Teilen Sachsens ein. Am Ende sind es 20 Personen. Bis auf drei sind alle anderen zwischen 14 und 20 Jahre alt.

Jeder kennt höchstens zwei oder drei andere aus der Gruppe, alle anderen begegnen einander zum ersten Mal. Zum Kennenlernen gibt es daher eine Übung: den „Fröbelkran", auch „Tower of Power" genannt, ein Teamspiel mit dem Ziel, gemeinsam einen

Turm aus sechs Holzklötzen zu bauen. Dafür bekommt jede und jeder einen Strick in die Hand. Alle Stricke führen in der Mitte zu einer Holzplatte zusammen, an der ein Drahtbügel hängt. Damit werden die Holzklötze aufgerichtet und nach und nach aufeinandergestellt. Eine knifflige Gemeinschaftsaufgabe: Es ziehen ja alle in verschiedene Richtungen – und trotzdem müssen sie lernen, sozusagen an einem Strang zu ziehen. Es dauert fast eine halbe Stunde! Doch am Ende ist der Turm komplett. Die gemeinsame Herausforderung ist gemeistert.

Aber das ist erst der Anfang. Denn als nächstes werden die Portemonnaies und Handys der angereisten Jugendlichen eingesammelt und in die Obhut eines Teilnehmervaters gegeben, der sie für uns aufbewahren wird, und zwar für die nächsten sechs Tage – bis zum Ende der Null-Euro-Tour. Das nämlich ist die eigentliche Herausforderung: die „Null-Euro-Tour". Eine Tour ohne Geld und ohne organisierte Quartiere. Eine Art Work and Travel im Kleinen und im Großen. Im Kleinen: Es geht um den überschaubaren Zeitraum von sechs Tagen. Im Großen: Wir sind eine 20köpfige Gruppe! 20 Personen sind im Begriff, gemeinsam auf Wanderschaft zu gehen, ohne zu wissen, wo sie am Abend schlafen werden. Und essen. Und sich waschen.

Das ist ein echtes Wagnis. Und mir, dem Leiter dieses Unternehmens, ist schon etwas mulmig, zugegeben. Doch wir haben uns im Vorfeld für diese „Hardcore-Version" der Null-Euro-Tour entschieden. Also ohne organisierte Quartiere. Ohne Sicherheitsnetz. Weit außerhalb der Komfortzone.

Wir haben auch über die Variante mit organisierten Unterkünften gesprochen. Null-Euro-Tour light sozusagen. Anderswo ist diese Variante üblich. Doch unser Team will es wissen. Wenn schon, denn schon!

Aber die Fragen drängen sich natürlich auf: Werden wir tatsächlich immer einen Platz zu Schlafen finden? Und Essen und Trinken? Und ab und zu eine Waschgelegenheit, wenn's geht? Und das alles für 20 Personen, viele davon mitten in den Wachstumsjahren und folglich mit gesegnetem Appetit ausgestattet?

Und ebenso wichtig: Werden wir Gelegenheit finden, uns erkenntlich zu zeigen? Werden wir arbeiten können?

Und dann ist da natürlich auch noch die Frage nach dem Wetter: Werden wir, wenn nötig, ein Dach über dem Kopf haben? Gut, wir haben zwei Tarps dabei, Zeltplanen, die man zwischen die Bäume spannen oder am Gartenzaun befestigen kann. Aber was sind zwei Tarps, wenn es einmal richtig stürmt und prasselt?

Das sind schwierige Fragen, und ich kann, je näher das Abenteuer rückt, eine gewisse Unruhe nicht leugnen.

Jetzt also ist der Zeitpunkt gekommen.

Bevor es losgeht, bitten wir Gott um seinen Segen zu unserer Reise. Denn die Null-Euro-Tour ist nicht einfach ein Just-for-fun-Ding. Sie ist eine Art Umsetzung von Matthäus 10, also der Anweisungen, die Jesus seinen Jüngern mit auf den Weg gibt, als er sie aussendet. Wir wollen, wenigstens für eine Woche, ernstnehmen, was Jesus seinen Jüngern aufträgt: „Schafft euch kein Reisegeld, weder Goldstücke noch Silber- oder Kupfergeld! … Denn wer arbeitet, hat ein Anrecht auf Unterhalt." (Matthäus 10,9-10)

Die Idee dazu fand sich im Internet. Auf der Suche nach Freizeitaktionen mit dem Blick über den Tellerrand, wurde ich beim Essener Weigle-Haus und der Evangelischen Gemeinde Schönblick (Schwäbisch Gmünd) fündig. Seit mehreren Jahren fanden dort Null-Euro-Touren statt, über die anschließend im Netz berichtet wurde. Ich war sofort begeistert. Und bald war mir klar: So was machst du auch!

Einige Zeit später posteten ein paar Jugendliche, die ich aus der Jugend der Kirchgemeinde Hartenstein kannte, ein Foto von einer Nachtwanderung. Die Jugendlichen sahen so abenteuerlustig aus, dass ich spontan dachte: Das sind meine Mitarbeiter!

Spontan schickte ich ihnen das Konzept der Null-Euro-Tour und schrieb dazu: „Für nächstes Jahr hätte ich mal eine völlig neue Idee: die ‚Null-Euro-Tour'. Ich hätte Lust, das mal auszuprobieren. Und ihr könntet dabei sein – als Mitarbeiter. Was meint ihr?"

Ich brauchte nicht lange zu betteln. Drei von den Jungen waren sofort interessiert: Elias, Stephan und Lukas. Später fand ich auch noch eine Gemeindepädagogin, die verrückt genug war, mitzukommen: Bringfriede. Damit war auch für spezifische weibliche Themen der Teilnehmerinnen eine Ansprechpartnerin im Team.

Und dann ging die Werbung raus. Der Wortlaut folgte weitgehend dem des Flyers der Null-Euro-Tour der Kirchgemeinde Schönblick. Sven Siegler hatte so wunderbare Worte gefunden – ich hätte es nicht besser ausdrücken können:

0-€-Tour - die all-exclusive Freizeit

Echte Abenteuer erleben, uns wirklich kennen lernen, an unsere Grenzen kommen, ausprobieren, ob Gott wirklich handelt, das sind die Ziele unserer 0-€-Tour.

All exclusive bedeutet hier: Keine Handys, kein Geld, keine Zelte, kein Programm, kein fester Plan.

„All you can eat" bedeutet hier: Du kannst alles essen, was du in der Natur (Ungiftiges) findest, was du geschenkt bekommst oder wir uns gemeinsam verdienen.

„Animationsprogramm" bedeutet hier: echte Leiter, spürbare Erfahrungen, improvisierte Spiele, Abenteuer ohne fake.

„Im Glauben wachsen" bedeutet hier: Gebete ums tägliche Brot, überraschende Wunder, ehrliche Gespräche, gemeinsames Leiden – gemeinsame Freude.

Und die Unterkunft? Milliarden-Sterne Luxus-Suiten unter freiem Himmel, Gemeindehäuser, Gartenlauben, Keller, ...

Konkret: Wir laufen in Hartenstein los und laufen von dort ins Vogtland, wo wir einen Tag an der Talsperre Pöhl verbringen werden. ... Wir planen keine Route und haben weder Nahrung noch Geld oder Zelte dabei. Wir bieten Menschen unsere Hilfe an und bitten dafür um Verpflegung, Unterkunft oder Spenden. Wir erwarten ein echtes Abenteuer und gleichzeitig viel Ruhe und tolle Gemeinschaft.

Da nur 20 Plätze zu vergeben waren, verzichteten wir auf Flyer. Die Werbung beschränkte sich auf Mund-zu-Mund-Propaganda und Social Media. Die Entscheidung erwies sich als richtig, denn auch so wurden die 20 Plätze schnell voll. Drei Jugendlichen mussten wir sogar absagen; sich mit mehr als 20 Personen spontan bei jemandem einzuladen, das wäre wohl doch etwas zu viel verlangt.

Interessanter Weise waren es nicht nur Jungen, die sich für die Tour interessierten. Die ersten, die sich anmeldeten, waren Mädchen. Es waren überhaupt mehr Mädchen als Jungen. Und nur weil das Mitarbeiter-Team überwiegend männlich war, war das Geschlechterverhältnis am Ende insgesamt ausgeglichen: zehn Abenteurer und zehn Abenteuerinnen.

Auch vom Alter her waren die Teilnehmenden gut durchmischt: Die Altersspanne reichte von 14 bis 20. Eigentlich hatten wir als Mindestalter 15 Jahre festgesetzt. Doch Sara, ein Mädchen aus meinem Dorf, wollte unbedingt mit, obwohl sie erst 14 war. Da die Eltern nichts dagegen hatten, und da ich sie als zähes Mädchen kannte, drückte ich ein Auge zu, sehr zur Freude ihrer ebenfalls teilnehmenden Freundin Edda – meiner Tochter.

Jetzt, wo ich am Treffpunkt in Hartenstein die Rucksäcke sehe, mit denen die Teilnehmenden – zum Teil recht zierliche Mädchen – eintreffen, beschleichen mich doch leise Zweifel, ob es wirklich so gut ist, schon so junge Mädchen mitzunehmen. An die Empfehlung, möglichst nur sieben Kilo Gepäck mitzunehmen, hat sich jedenfalls kaum jemand gehalten. Es stellt sich heraus, dass die meisten zehn Kilo und mehr im Rucksack haben. Den Rekord erzielt Georg mit 19 Kilo!

Nun ja, das Gepäck zu reduzieren, dafür ist es jetzt zu spät. Irgendwie muss es so gehen. Zur Not müssen die Stärkeren die Schwächeren entlasten und ihnen Gepäck abnehmen.

Also los! Bevor sich das Mittagsloch im Magen so richtig breit macht und die Euphorie gleich zu Beginn einen Dämpfer bekommt, starten wir. Als erstes geht es Richtung Süden, hinauf ins Gebirge. Wir haben perfektes Wanderwetter: für den Hochsommer zu kühl, aber dadurch genau richtig zum Laufen. Halb fünf erreichen wir Schneeberg-Griesbach. Wenn wir noch arbeiten wollen, müssen wir jetzt schnell nach einer Möglichkeit suchen. Da wir unsere Chancen geringschätzen, gleich für 20 Leute Arbeit und/oder Quartier zu finden, teilen wir uns in Kleingruppen auf. Elias und drei Teilnehmer werden bald fündig: Sie jäten Unkraut und bekommen dafür Pizza, allerdings kein Quartier. Aber immerhin: Vier hungrige Jungen werden schon mal satt. Lukas und drei andere Teilnehmende finden Arbeit auf dem Möckel-Hof: Das Auto bekommt eine Intensiv-Wäsche. Weitere drei Teilnehmende und ich verhandeln mit einem anderen Landwirt: Arbeit und Essen hat er zwar nicht, und das mit dem Quartier: nun ja, zur Not. Aber wir sollen uns erst mal noch woanders umschauen. Und wenn alle Stricke reißen, dann können wir auf seiner Wiese schlafen.

Jetzt ist Griesbach nicht wirklich groß. Die Zahl großzügiger Grundstücke ist übersichtlich. Erst recht gilt das für die Zahl großzügiger und zugleich spontaner Gastgeber. Also landen auch wir auf dem Möckel-Hof, ebenso wie letztlich auch die restlichen beiden Gruppen, die nach und nach eintrudeln. Arbeit gibt es zwar außer dem einen Auto, das gerade gewaschen wird, weiter keine. Aber die Bäuerin versteht unsere Lage – und ringt sich dazu durch, uns ihre Scheune zu öffnen. Wir sind dankbar und erleichtert, erst recht, als sie mit dem frisch gewaschenen Auto losfährt, um uns etwas zu essen zu kaufen! Inzwischen wirft der Junior schon mal den Grill an, und dann gibt es Bratwurst und Toastbrot.

Da es angefangen hat zu regnen, nehmen wir das Essen in der Scheune ein. Es ist eng, aber wir finden alle einen Sitzplatz, und einen Tisch haben wir auch. Es sind jetzt auch keine Massen zu essen, aber wir haben etwas im Magen und damit sind wir zufrieden.

Nach dem Essen gesellt sich Günther Möckel, der Senior, zu uns. Anfangs wirkt er noch etwas reserviert, doch dann findet er ein Thema, über das er gerne redet: der Krieg und die Verbrechen der Nazis. Ich höre mir die alten Geschichten an. Herr Möckel ist ein aufrechter Mann, der offenbar versucht hat, im Rahmen seiner Möglichkeiten Widerstand zu leisten. Ich erzähle ihm von meiner Großmutter, die ebenfalls im Krieg viel erlebt hat. Ihr Fluchttagebuch ist später als Buch veröffentlicht worden. Die Erlebnisse dieser mutigen und tapferen Frau gehören zum Geschichten-Schatz meiner Familie, und Herr Möckel hört interessiert zu.

Nach etwa einer Stunde verschwindet er. Ich habe die Chance, mich um die Gruppe zu kümmern und beginne ein Spiel: „Äffchen - Äffchen - Elefant". Es geht darum, einen völlig sinnfreien Spruch aufzusagen, begleitet von einer simplen Finger-Choreografie. Nachdem ich das vorgemacht habe, geht es reihum, und jeder versucht, die kleine Übung richtig nachzumachen. Der Haken ist: Zu der Choreografie gehört auch das Armeverschränken am Ende. Erfahrungsgemäß dauert es eine Weile, bis das alle verstanden haben. Ein lustiges kleines Spielchen, das immer für Spaß sorgt – selten jedoch für so viel Spaß wie an diesem Abend. Denn ausgerechnet der kluge Stephan, der Mitarbeiter, der sonst auf alles einen schlauen Kommentar weiß, steht an diesem Abend völlig auf dem Schlauch! Am Ende dauert es eine geschlagene Stunde, bis der Groschen schließlich auch bei ihm fällt. Zum Glück kann Stephan damit umgehen, dass sich alle auf seine Kosten köstlich amüsieren.

Nachdem die Sache mit dem Äffchen und dem Elefanten endlich geklärt ist, kommt der alte Landwirt Möckel noch mal zu mir, diesmal mit einem seelsorgerlichen Anliegen. Offenbar hat er

Vertrauen gefasst und redet sich jetzt eine dicke Portion Kummer von der Seele. Es scheint ihm gut zu tun, ein offenes Ohr zu finden, und es stört ihn auch nicht, dass direkt neben ihm die Jugendlichen feiern. Im Gegenteil: Für ihn sind wir „echte Kumpel".

Irgendwann ist es Zeit, schlafen zu gehen. Herr Möckel gibt noch eine Bauernweisheit zum Besten: „Wer lange schläft, hält's Bett lang warm – wer früh aufsteht, der frisst sich arm." In diesem Sinne verabschiedet er sich. Vor dem Schlafen nutzen besonders die Jüngeren unter uns noch die Gelegenheit, die Scheune als Abenteuerspielplatz in Besitz zu nehmen. Wann hat man schon mal die Möglichkeit, aus zwei Metern Höhe nach Herzenslust ins Heu zu springen? Spätestens nach dieser Spiel- und Tobestunde sind alle müde genug. Wir sprechen noch ein Dankgebet und versinken erschöpft in den Schlaf.

Dienstag, 14.7.2015

Der zweite Tag beginnt mit einem eher bescheidenen Frühstück. Zum Glück haben wir am Vortag in einer Bäckerei ein paar Brötchen und etwas Brot abgestaubt. Von den Landwirten bekommen wir dazu Kaffee und Tee, ein Stück Butter, Marmelade, Blut- und Leberwurst aus eigener Schlachtung – alles in eher überschaubaren Mengen, aber immerhin: Wir sind ausgeschlafen; wir dürfen die Toilette im Haus benutzen, und der Wassertrog im Hof steht uns zum Waschen zur Verfügung.

Nach dem Frühstück laufen wir weiter ins Gebirge. Es nieselt. Es ist auch nicht wirklich warm. Und wir sind auch nicht wirklich satt.

Bereits in Lindenau fangen wir an, nach Arbeit zu suchen – doch vergeblich. Keiner der Landwirte hat Arbeit für uns. Auf der Karte finden wir einen Pferdezuchthof, der auf der Strecke liegt. Unsere Stimmung steigt, denn auf so einem Pferdehof gibt es doch eigentlich immer was zu tun, oder? Also laufen wir hin und klingeln. Der Besitzer starrt uns feindselig an. Wir bringen unser Anliegen vor. Doch der Mann sagt nur: „Das hier ist ein Privatweg, da habt ihr nichts zu suchen. Seht zu, dass ihr fortkommt!" Das war wohl nix. Wir schütteln den Staub von den Füßen und setzen trotzig unsere Wanderung fort.

Nach dreistündigem Marsch sind wir mittags in Lichtenau. Wir sind erschöpft und hungrig. Unterwegs haben wir von Schokolade und anderen Leckereien phantasiert, die jetzt schön wären. Doch das waren halt Phantasien. Die Wirklichkeit sieht anders aus. Ernüchterung macht sich breit.

Um die Moral etwas zu heben, verteile ich die mitgebrachten Müsliriegel. Ganz wohl ist mir dabei nicht, schon am zweiten Tag den Notproviant anzutasten. Doch was wäre die Alternative?

Vielleicht mal irgendwo klingeln, auch wenn die Häuser nicht gerade so aussehen, als gäbe es hier Arbeit? Aber gut, einen Versuch ist es ja wert. Wir klingeln an der nächstbesten Tür – und bekommen immerhin eine Packung Butterkekse! Die Packung enthält 30 Kekse. Das heißt, jeder bekommt genau anderthalb Kekse. Das ist nicht viel, aber es ist mehr als nichts. Und: Nie hat Butterkeks so gut geschmeckt wie in diesem Augenblick!

Damit ist die Wende eingeleitet. Von nun an geht es bergauf, erst mit der Moral und dann auch mit dem „Erfolg". Denn bald darauf finden wir zwei Kirschbäume, die am Straßenrand geradezu auf uns gewartet haben. Unzählige rote Kirschen hängen an den Bäumen, viele so tief, dass wir uns nur auszustrecken brauchen. Höher hängende Kirschen werden von Sara, unserem Fliegengewicht, auf meinen Schultern sitzend, in Georgs Lederhut gesammelt. Meine Aufforderung „Esst – ihr wisst nicht, wann es wieder was gibt!" wird von nun an zum geflügelten Wort.

Doch die nächste Gelegenheit kommt schon bald: als nämlich Lukas auf einem Firmenparkplatz einen Autoschlüssel findet. Er geht mit dem Schlüssel in die Firma – und kommt mit einer Tüte Waffelgebäck wieder raus.

In der Zwischenzeit fragen wir zu dritt bei der benachbarten Baumschule Vogel nach Arbeit. Frau Vogel hat zwar keine Arbeit für uns, aber frisch gebackenen Kuchen für den bevorstehenden Kindergeburtstag. Für uns drei müsste der Kuchen auch noch reichen, meint sie. Was sie erst danach mitbekommt, ist, dass um die Ecke noch 17 weitere hungrige Mäuler warten. Doch erstaunlicherweise bringt sie das nicht aus der Ruhe. Gut, der Kuchen reicht dann wohl doch nicht, aber sie hat sofort eine andere Idee. Wir sollen nur erst mal hereinkommen. Auf dem Gelände gibt es eine abgelegene Sitzecke an einem Teich. Frau Vogel lässt weitere Bänke und einen Tisch dorthin bringen, fährt zur Bäckerei und kehrt bald darauf schwer beladen zurück. Es sieht so aus, als habe sie die halbe Bäckerei leer gekauft. Wie sie da so ankommt mit einer großen Brötchentüte in jeder Hand, das ist so unerwartet, dass es für uns schon fast Offenbarungsqualität hat. Sie stellt dann auch noch Butter und Marmelade auf den Tisch – und setzt sich sogar noch zu uns. Wie gesagt, der Kuchen ist ja schon gebacken. Und wie sie da so sitzt, gibt es plötzlich ein wechselseitiges Erkennen: Wie sie trägt nämlich auch Tabea, eine der Teilnehmerinnen, ein Armband mit dem Aufdruck „Awakening Europe". Beide haben das Armband am Wochenende zuvor auf einem evangelistischen Kongress in Nürnberg erhalten. Das erklärt vielleicht die ungewöhnliche Offenheit dieser Frau. Für mich ist das jedenfalls jetzt endgültig so ein Moment, wie ich mir den Moment vorstelle, in dem Mose plötzlich vor dem brennenden Dornbusch steht.[1]

Inzwischen haben unsere Mägen eine gewisse Grundlage erhalten, und so geht es gestärkt weiter Richtung Stützengrün. Die Stimmung ist bestens. Doch unsere Gedanken wandern langsam, aber sicher zu der Frage, wo wir die Nacht verbringen werden. Und da wir ja auch noch Zeit zum Arbeiten brauchen, beschließen wir, mit der Arbeits- und Quartiersuche zu beginnen, sobald wir nach

---

[1] Vgl. 2.Mose 3.

Stützengrün kommen. Sprich: Beim ersten Hof, an dem wir vorbeikommen, wird geklingelt!

Doch zu klingeln brauchen wir gar nicht. Denn der erste Hof, an dem wir vorbeikommen, ist der Hof von Annelie und Martin Fischer. Und die stehen gerade vor der Tür. Eben haben sie Gäste verabschiedet, und im nächsten Moment tauchen 20 schwer bepackte Jugendliche vor ihrem Haus auf. Die Fischers staunen nicht schlecht, fragen, wer wir so sind, und ob wir vielleicht was trinken wollen. Das wollen wir. Also werden wir gebeten, auf ihrer geräumigen Terrasse Platz zu nehmen. Wir bekommen Kaffee, Milch, Wasser und Cappuccino. Als sich dann herausstellt, dass wir nicht nur trinken wollen, sondern auch essen und am liebsten auch gleich noch übernachten, geht das Staunen weiter. Doch es ist ein wohlwollendes Staunen, und so zögern die beiden nicht lange und überlassen uns ihre Scheune. Arbeit haben sie zwar gerade nicht für uns – höchstens ein bisschen aufräumen in der Scheune und Salate zubereiten fürs Abendessen. Aber wir sind willkommen. Sehr sogar. Während einige die Scheune kehren und eine Ecke zum Schlafen aufräumen, bereiten einige Mädchen mit Frau Fischer das Abendessen zu.

Ich will mich jedoch mit der Auskunft, es gebe sonst keine Arbeit, nicht zufriedengeben und frage noch einmal, ob es nicht wenigstens etwas Bügelwäsche gibt. Und siehe da, die gibt es, eine große Wanne voll. Ich bekomme das Bügelbrett auf den Hof gestellt und habe für die nächsten anderthalb Stunden zu tun. Annelie Fischer ist ganz aus dem Häuschen: „Das gibt's doch nicht: Ein Mann, der bügelt!" „Und noch dazu ein Pfarrer!" ergänzt ihr Mann. Er hat mich nach dem Namen gefragt und anschließend im Internet herausgefunden, dass ich Pfarrer bin. Das ist vor allem Frau Fischer jetzt peinlich, weil sie gleich ganz selbstverständlich „Du" gesagt hat und mir dann auch noch die Bügelwäsche hingestellt hat. Wir können darüber nur lachen! Fischers selbst gehören in Stützengrün übrigens zu den Stützen der Landeskirchlichen Gemeinschaft, wie sich herausstellt.

Als es nach getaner Arbeit in der geräumigen Doppelgarage das reinste Festmahl gibt – wieder kommt ein Teil des Essens frisch vom Grill – erleben wir eine weitere Überraschung: Drei Jugendliche vom EC[2] tauchen auf, eingeladen von Cornelia, der Tochter oder Schwiegertochter von Fischers. Und es sind nicht irgendwelche Jugendliche, sondern unter anderem Erik und Madeleine, alte Bekannte aus dem Stützengrüner Konfirmandenjahrgang, den ich 2012/13 vertretungsweise übernommen hatte! Das Staunen geht weiter. Sehr schön ist, dass Erik seine Gitarre und einen Satz Jugendliederbücher mitgebracht hat, und so singen wir voller Über-

---

[2] EC = Entschieden für Christus (der Jugendverband der Landeskirchlichen Gemeinschaften).

zeugung „Denn der Herr tut heute noch Wunder" und andere Lieder.

Wir rufen uns auch noch einmal die Herrnhuter Losung aus 1. Samuel 17 in Erinnerung, die wir morgens gelesen haben: „Geh hin, der Herr sei mit dir!" Das passt!

Vor dem Schlafen dürfen wir noch das Keller-Klo benutzen und sogar duschen!

Mittwoch, 15.7.2015

Genauso fürstlich, wie wir abends gespeist haben, geht es am Morgen weiter: drei Gläser Nutella, sechs Liter Milch, drei Päckchen Butter, Cappuccino, Bohnenkaffee und so sogar ein großer frisch gebackener Kuchen stehen auf dem Tisch! Und Jörg Börner, der Nachbar, hat auch noch haufenweise Brötchen vorbeigebracht, weil er von der Aktion begeistert ist. (Auch er übrigens ein alter Bekannter, den ich im Rahmen meiner Vertretungsdienste kennengelernt habe.) So üppig ist das Frühstück, dass wir die beträchtlichen Reste als Wegzehrung mitbekommen. Wir räumen alles wieder auf und starten Richtung Vogtland.

Die heutige Wanderstrecke ist ein Traum, vor allem der Abschnitt des Fernwanderweges Görlitz – Greiz, der durch das liebliche Göltzschtal führt. Wir haben gutes Wanderwetter, leicht bewölkt und nicht zu warm. Unter Stephans souveräner Führung kommen wir gut voran.

Das letzte Stück von Rodewisch nach Rebesgrün ist dann ziemlich anstrengend. Eine neu gebaute breite Landstraße beherrscht das Bild, inzwischen ist es auch geradezu heiß und weitgehend schattenlos, so dass wir ganz schön erschöpft sind, als wir nach 20 km Rebesgrün erreichen.

Dort haben wir eine Adresse: die Schillerstraße 10. Hier wohnen Tobias und Susanne, alte Bekannte aus der Jugendarbeit im Kirchenbezirk Aue. Als ich die beiden im vorigen Herbst gesehen habe, habe ich schon mal angedeutet, dass es gut sein kann, dass ich im Sommer mit einer Gruppe Jugendlicher vorbeikomme. „Ja ja, kein Problem", meinte der Tobias damals. „Ich selbst bin zwar dann gerade unterwegs, aber Susanne ist da und kann sich nach Feierabend um euch kümmern." So kenne ich den Tobias: alles kein Problem.

Also gut. Ich nehme ihn beim Wort. Um aber unsere Null-Euro-Tour-Regel nicht komplett zu brechen, verzichte ich im Vorfeld darauf, ihn an unseren geplanten Besuch zu erinnern, und überlasse das Gelingen dem Zufall – oder besser der Vorsehung.

16.30 Uhr treffen wir in der Schillerstraße 10 ein. Susanne ist nicht zuhause. Aber gut, sie ist wohl noch arbeiten. Wir beschließen, an Ort und Stelle auf sie zu warten, denn zum Weiterlaufen fehlt im Moment die Motivation. Also klingeln wir bei Hansons[3], die ebenfalls im Haus wohnen. Frau Hanson öffnet uns und erlaubt uns, im Garten auf Susanne zu warten. „Bestimmt kommt sie noch."

Während wir so warten, kommen wir mit Frau Hanson ins Gespräch. Sie ist die Frau von Pfarrer Hanson, ebenfalls ein alter Bekannter und Jugendpfarrer-Kollege von mir. Das erleichtert die Sache, und wie sich herausstellt, gibt es in Frau Hansons Gemüsegarten reichlich Arbeit für uns. Dass es sich um einen Gemüsegarten handelt, muss allerdings dazugesagt werden – denn Gemüse ist kaum zu erkennen. Es ist fast restlos überwuchert von Unkraut, das in dem Garten prächtig gedeiht. Offenbar hat Frau

---

[3] Name geändert. (Die Namen werden in diesem Buch normalerweise unverändert genannt; wo sie geändert sind, wird dies jeweils vermerkt.)

Hanson den Gemüsegarten schon fast aufgegeben. Zu mühsam ist das Unkrautjäten geworden, und irgendwann fehlte einfach die Motivation. Da kommt die 20köpfige Arbeitsbrigade gerade recht. Gemeinsam rücken wir dem Unkraut und auch den zahlreichen Schnecken zu Leibe und legen nach und nach das Gemüse frei. Auch Frau Hanson packt mit an, plötzlich wieder voller Elan und Hoffnung für ihren Garten. Und da wir einmal dabei sind, mähen wir gleich noch den Rasen und setzen den Komposthaufen um.

In der Zwischenzeit ist Susanne von der Arbeit heimgekehrt. Die Null-Euro-Tour ist ihr nicht mehr präsent gewesen. Aber Tobias hat schon recht gehabt: Es ist tatsächlich „kein Problem". Sie fährt noch einmal los und kauft für uns ein. Und dann zaubern sie und Frau Hanson Nudeln mit Tomatensoße und Salate auf den Tisch, die wir im Pfarrgarten mit großem Appetit verspeisen.

Anschließend dürfen wir Feuer machen. Susanne leiht uns ihre Gitarre, aus dem Gemeindehaus werden die Liederbücher herbeigebracht, und so klingt der Tag sang- und klangvoll aus.

Als Zugabe gibt es dann noch das Angebot, im Gemeindehaus zu übernachten, wo im Jugendraum sogar einige Sofas zur Verfügung stehen. Doch der Wetterbericht verspricht eine trockene Nacht, und so ziehen wir die Übernachtung im Garten vor. Das Tarp wird lediglich über die Wäscheleinen gespannt, um gegen den Tau zu schützen. Manche legen sich mit ihrem Schlafsack auch gleich unter den freien Himmel oder, ganz komfortabel, aufs Trampolin. Wie war das: „Milliarden-Sterne Luxus-Suiten unter freiem Himmel" – hier erfüllt sich die Verheißung aus der Ankündigung.

Donnerstag, 16.7.2015

Allerdings erweist sich der Wetterbericht als falsch! Kurz vor fünf Uhr fängt es an zu regnen, anfangs als Nieselregen, doch später geht ein wahrer Sturzregen nieder. Alle flüchten sich unter das Tarp – doch das ist den Wassermassen nicht gewachsen. In kürzester Zeit sind die ersten Schlafsäcke klatschnass! Gott sei Dank gibt es da ja noch das Gemeindehaus. Dort schieben wir Tische und Stühle zur Seite und belegen sämtliche freie Flächen. Kurz darauf zieht der Regen ab, na prima! Aber egal, bald darauf sind alle noch einmal eingeschlafen. Und in der warmen Morgensonne sind die Schlafsäcke auch schnell wieder trocken.

So brechen wir nach dem von Hansons gesponserten Frühstück gutgelaunt in Richtung Talsperre Pöhl auf. Zuversicht macht sich breit. Zwar sind wir noch nicht am Ziel, doch wir haben inzwischen schon so viel wunderbare Fürsorge erfahren – jetzt kann uns nichts mehr aus der Ruhe bringen!

Als wir nach 20 km am Nachmittag die Talsperre Pöhl erreichen, ist die Begeisterung so groß, dass wir erst einmal ein Jubel-Foto am Ufer machen. Zwar sind wir noch nicht ganz am Ziel, doch von jetzt an werden wir der Uferlinie der Talsperre folgen. Es gibt also keine anstrengenden Steigungen mehr, und auch die Strecke hält sich in Grenzen. Wenn möglich, bleiben wir heute in Altensalz, und morgen ist es dann bloß noch ein Stündchen bis zum Zeltplatz Gunzenberg, wo wir im „Kirche-unterwegs"-Lager unterkommen wollen.

Doch in Altensalz erhält die Begeisterung einen Dämpfer. Bald wird klar, dass wir hier keine Arbeit finden. Wir durchkämmen das ganze Dorf hoch und runter – vergebens! Und jetzt noch einmal aufzubrechen, um unser Glück andernorts zu versuchen, dazu fehlt gerade der Elan. Es ist auch bereits 16.00 Uhr.

Lukas kommt mit zehn Euro. Er hat sich mit einer Frau im Dorf unterhalten, die Hartenstein kannte. Ein paar Pfandflaschen haben wir auch gesammelt. Diesmal haben wir also etwas Geld. Was aber in dem Dörfchen fehlt, ist eine Einkaufsmöglichkeit, und so hilft uns das Geld überhaupt nicht weiter.

Auch im Pfarrhaus ist es schwierig. Der Pfarrer ist unterwegs, und die Pfarrfrau ist zurückhaltend. Wir passen nicht ins Bild. Zwar gibt es im schönen großen Pfarrgarten direkt an der Talsperre alles, was eine Freizeitgruppe braucht – einschließlich Gästedusche und Feuerstelle – doch all das steht nur für angemeldete und zahlende Gäste zur Verfügung.

Da hat Bringfriede eine Idee: Hier ganz in der Nähe wohnt ihre Freundin und Kollegin Daniela. Vielleicht hat die eine Idee… Oder kann uns wenigstens erst mal eine Stärkung organisieren… Bringfriede findet die Nummer in ihrem Handy.

Die Nummer ist sogar noch aktuell – und Bringfriede rennt bei Daniela offene Türen ein! Denn die hatte gestern bereits im Vogtland-Anzeiger über die Null-Euro-Tour gelesen – offenbar war dort auf der Grundlage meiner Facebook-Posts darüber berichtet worden! Daniela war so angetan, dass sie – just an diesem Vormittag – bei einer Bibelarbeit von der Null-Euro-Tour gesprochen hat. Außerdem ist sie gerade Strohwitwe, von daher ist ihr die unerwartete Abwechslung willkommen.

Für die Verpflegung ist also gesorgt. Und damit ist auch der Rest kein Problem mehr. Wir erhalten die Erlaubnis, den Pfarrgarten samt eigener Badestelle zu nutzen, und auch die Gästedusche samt WC steht uns zur Verfügung. Dann kommt Daniela mit dem Essen: Kuchen, Kekse, Melone, Suppe, Brot und Süßigkeiten. Sogar Lakritz ist dabei – ich kann mein Glück kaum fassen!

Und dann dürfen wir auch noch die Feuerstelle am Ufer benutzen. Das Feuer brennt – und schon wieder ist es, als würde der Dornbusch brennen. Wir nutzen den schönen lauen Sommerabend am Feuer, um einmal einen Blick in die Bibel zu werfen. Die Initiative dazu geht von Lisa und Tabea, zwei Teilnehmerinnen, aus. Eine religionspädagogische Sternstunde, wenn Jugendliche von sich aus die Bibel lesen wollen!

In den vergangenen Tagen ist das Gespräch mehrfach auf die Stelle gekommen, wo Jesus die Jünger aussendet. In Matthäus 10 heißt es unter anderem:

Wenn ihr aber in ein Haus geht, so grüßt es; und wenn es das Haus wert ist, kehre euer Friede dort ein. Ist es aber nicht wert, so wende sich euer Friede wieder zu euch. (Matthäus 10,12-13)

Krass, wie sich das genauso erleben lässt, wenn man Jesu Auftrag beim Wort nimmt! Dem Landwirt Möckel hat es gutgetan, ein offenes Ohr zu finden. Bei Frau Vogel von der Baumschule und Familie Fischer in Stützengrün gab es von Anfang an eine gemeinsame Wellenlänge. Der Pfarrfrau Hanson hat es gutgetan, mit unserer Hilfe endlich die Gartenarbeit wieder in Angriff zu nehmen. Und auch hier in Altensalz hat sich die anfängliche Zurückhaltung längst in Wohlgefallen aufgelöst. Inzwischen ist auch der Pfarrer heimgekehrt, und er und jetzt auch seine Frau zeigen wohlwollendes Interesse an unserer verrückten Unternehmung. Vor allem aber Daniela: Ihre Unterstützung kommt so richtig von Herzen, das ist deutlich zu spüren. Und das tut gut.

Inzwischen haben Stephan, Elias, Lukas und Georg das Tarp aufgespannt. Die meisten kommen dort unter. Andere wagen es noch einmal, ganz im Freien zu schlafen. Und diesmal geht es gut: Wir bleiben trocken und genießen den freien Blick in den Sternenhimmel.

Freitag, 17.7.2015

Für das Frühstück haben wir noch Knäckebrot und Kekse – nicht viel, aber was soll's? Doch dann kommt die nächste wunderbare

Überraschung: Daniela kommt mit dem Frühstück wieder zu uns in den Pfarrgarten. Sie meint, sie habe gestern gar nicht daran gedacht zu fragen, ob wir auch Frühstück brauchen und deshalb hat sie spontan etwas eingepackt. Wir staunen nicht schlecht: frische Brötchen, Kakao, Milch, Bananen, Cornflakes, Margarine, Marmelade, Nutella und Wurst! Als Proviant für die letzte Etappe bringt sie zusätzlich Müsliriegel mit, und auch vom Frühstück bleibt noch manches übrig, so dass wir heute keinerlei Versorgungssorgen haben. Wir räumen alles auf, putzen die Dusche und machen noch ein Gruppenfoto mit den Pfarrersleuten, und dann geht es los, geleitet von der Losung aus Psalm 25,12: „Wer ist es, der den Herrn fürchtet? Ihm weist er den Weg, den er wählen soll!"

Es geht größtenteils am schönen Talsperren-Ufer entlang. Die Stimmung ist fröhlich und ausgelassen, ja, wir surfen geradezu auf einer Welle des Hochgefühls dahin. Als Spruch der Woche hat sich irgendwie der Satz „H-Milch geht ooch" herauskristallisiert. Keine Ahnung, in welchem Zusammenhang dieser Satz zum ersten Mal gefallen ist. Aber jetzt wird er zu jeder passenden und unpassenden Gelegenheit zitiert – und jedes Mal wird es lustiger.

Unser Ziel ist das Lager von „Kirche unterwegs" (KU) auf dem Zeltplatz Gunzenberg, wo ich uns vor längerer Zeit schon mal vage angemeldet habe. Ulrike Schmidt, die Leiterin, hat zwar erst am Vortag durch ein Foto auf Facebook realisiert, dass es sich bei der Null-Euro-Tour um eine 20köpfige Gruppe handelt, aber bei KU ist man ja Gott sei Dank flexibel genug, um zum Mittagessen zur Not noch ein paar Kilo Reis mehr zu kochen und den Rest eben etwas zu strecken. Auf jeden Fall werden wir alle satt.

Wir bauen das Tarp neben dem Küchenzelt auf und gehen erst mal ausgiebig im herrlichen Talsperren-Wasser baden. Nachmittags kommt unser „Arbeitseinsatz": Wir begleiten den Einladungstrupp singend auf seiner Runde über den Zeltplatz und laden zum Kinderprogramm ein. Dabei schließen sich nach und nach immer mehr Kinder an und folgen uns zum großen KU-Veranstaltungszelt.

Abends wiederholt sich das gleiche Spiel zur Gute-Nacht-Geschichte. Nur wird der Einladungstrupp diesmal von einem als Sandmann verkleideten Mitarbeiter angeführt.

Nach dem Abendessen findet im großen Veranstaltungszelt ein Konzert des christlichen Liedermacher-Duos Andy & Frank statt. Als Null-Euro-Touristen machen wir fast die Hälfte der Zuhörenden aus. Es ist also ein eher überschaubares Event. Doch die Stimmung ist gigantisch – als wären nicht 50, sondern 500 Hörer im Zelt. Das liegt vor allem an der ausgelassenen Euphorie, die uns gepackt hat. Besonders beim Kinderlied vom Tiger gibt es kein Halten mehr. Als Andy & Frank zum Mitsingen auffordern, dröhnt es lautstark durch das Zelt: „Ich gehe tipp tapp tipp tapp…"

Wir sind gut drauf, um es ganz einfach zu sagen. Denn wir haben eine echte Herausforderung gemeistert, wie man sie sonst nicht erlebt. Dabei haben wir erfahren, dass es weniger auf unser Geschick ankommt als auf die Gastfreundlichkeit der Menschen. Und die ist überall zu finden. Gerade dann, wenn man sie braucht, sind da Menschen, die uns ihr Herz öffnen – und die das sogar gerne tun. Im besten Fall profitieren sie auch selbst davon.

Zurück zum Konzert. Andy und Frank sind sichtlich überrascht von der Stimmung im Zelt. Nach dem Auftritt schenken sie uns ihre aktuelle CD und signieren sie mit einem persönlichen Gruß: „Gottes Segen für euch. Ihr wart toll!"

Samstag, 18.7.2015

Nach einer lauen Sommernacht, die wir je nach Vorliebe unter dem Tarp, dem freien Sternenhimmel oder auch im großen Veranstaltungszelt verbringen, begleite ich morgens den KU-Jahrespraktikanten Steve zum Bäcker im nahen Jocketa. Wir haben ja noch das Geld von gestern. Jetzt ist die Gelegenheit zum Einkaufen gekommen, und ich erstehe eine große Tafel Schokolade, denn von Schokolade träumen wir seit Tagen! Lecker! Das restliche Geld stecken wir in die KU-Spendendose.

Gut gestärkt brechen wir nach dem Frühstück auf zu einer letzten kurzen Etappe zum Jocketaer Bahnhof. Dabei kommen wir durch das malerische Triebtal, ein besonders schöner Streckenabschnitt.

Bestens gelaunt genießen wir den Rückweg mit der Bahn und staunen, wie die Landschaft, durch die wir in den letzten Tagen mühsam gekrochen sind, nun in Windeseile an uns vorbeifliegt.

In Hartenstein werden dann nicht nur die Handys und Portemonnaies wieder ausgeteilt, sondern auch die Kaution, die im Vorfeld überwiesen worden ist, um einen kurzfristigen Rückzieher, z.B. nach einem düsteren Wetterbericht, zu erschweren. Dann heißt es auch für die übrigen Abschied nehmen.

Wir sind uns in den letzten sechs Tagen nahegekommen. Und wie sich herausstellen wird, ist auch manche langjährige Freundschaft entstanden.

Erschöpft, aber sehr glücklich gehen wir auseinander. Auch wenn die Woche am Ende weitaus weniger entbehrungsreich war als befürchtet – manche sprechen jetzt gar von der „Null-Euro-Schlemmer-Tour" – freuen wir uns schon auf die eigene Dusche, den heimischen Kühlschrank und das eigene Bett.

Nachwirkungen

Die Null-Euro-Tour hat eine Reihe Nachwirkungen. Eine Frau vom Nachbarzelt, die uns beobachtet hat, spricht mich an: „Wie kann man denn eigentlich so gut drauf sein wie ihr?" Für sie selber trifft das, wie sich herausstellt, gerade ganz und gar nicht zu: Als Langzeitarbeitslose und alleinerziehende Mutter ist sie mit der Erziehung zweier Jungen heftig gefordert und insgesamt ziemlich desorientiert. Ja, wie kann man so gut drauf sein? Eine Vermutung hat sie ja selbst schon: Sie hat nämlich beobachtet, wie wir gebetet haben. Und hat das mit dem Beten dann gleich selbst mal ausprobiert. Und ja, es tut ihr gut.

Die Begegnung mit uns und dann auch mit dem Team von Kirche unterwegs beeindruckt sie so, dass sie mit ihren Söhnen zum KU-Nachtreffen im November kommt. Als ich sie dort sehe, muss ich zweimal hingucken. Sie hat sich verändert, zum Guten. Sie wirkt aufgeräumter und viel positiver. Und sie sagt: Die Tage auf dem Zeltplatz haben ihr Leben verändert!

Auch mit Günther Möckel, dem alten Landwirt in Griesbach, gibt es ein Nachspiel: Zu Weihnachten schicke ich ihm ein Exemplar des Fluchttagebuchs meiner Großmutter, von dem ich ihm erzählt habe. Er kann es gar nicht fassen, dass ich noch an ihn gedacht habe, und bedankt sich ganz gerührt bei mir.

Und dann gibt es da noch die Null-Euro-Tour der Jugendgruppe Hartenstein. Unsere Tour war ja auch als Experiment gedacht, das, falls erfolgreich, gerne nachgeahmt werden soll. Und so kommt es auch: Zwei Jahre später brechen Lukas und Elias, zwei der Mitarbeiter von 2015, mit einer Handvoll Jugendlicher aus der Jungen Gemeinde Hartenstein auf eine eigene Tour auf. Auch diese Tour wird reich gesegnet. Die Idee zieht also Kreise, und das ist gut so.

Und schließlich begegne ich Romina, einer Teilnehmerin, acht Jahre später in Taizé wieder. Sie staunt, dass es die Null-Euro-Tour immer noch gibt. Und meldet gleich Interesse an, bei der nächsten Null-Euro-Tour als Mitarbeiterin dabei zu sein – wozu es 2024 auch kommt.

„Seid ihr Islamisten?"
Oberlausitz (2016)

Nach der Null-Euro-Tour ist *vor* der Null-Euro-Tour! Für mich jedenfalls stand nach der gelungenen Premiere fest, dass es eine Fortsetzung geben muss. Mein Team besteht aus Anna, die bereits 2015 dabei war; Jakob, der als Pfadfinder wichtige Outdoor-Skills mitbringt; und Alexander und Konrad, beides Studenten der Religionspädagogik, die ihre Mitarbeit als Praktikum angerechnet bekommen.

Montag, 18.7.2016

Der Treffpunkt der diesjährigen Null-Euro-Tour ist Bautzen. Wir sind 14 Teilnehmende und fünf Mitarbeitende, wobei die Teilnehmenden zwischen 13 und 20 sind. Eine große Altersspanne also, doch die Eltern der Teilnehmenden unter 15 haben mir versichert, dass sie ihren Kindern zutrauen, die Herausforderung zu meistern. Und nach den guten Erfahrungen mit der 14jährigen Sara im Jahr zuvor bin ich inzwischen gelassen.

Und zwar nicht nur, was das Alter der Teilnehmenden angeht. Auch sonst. Wenn ich an die leichte Unruhe zu Beginn der ersten Null-Euro-Tour denke, fühlt es sich jetzt schon anders an. Es ist eben bereits das zweite Mal, und ich weiß, dass es grundsätzlich möglich ist, ohne Geld und organisierte Quartiere zu überleben.

Wobei ich ehrlich sein will: Diesmal habe ich doch ein Quartier organisiert, und zwar gleich für zwei Nächte. Das liegt daran, dass ich nach den guten Erfahrungen mit „Kirche unterwegs Vogtland" im Jahr zuvor auch dieses Jahr etwas ähnliches vorhabe: diesmal beim CVJM am Bärwalder See. Den Leiter dort kenne ich bereits, und als ich ihm mein Anliegen unterbreite, ist er sofort bereit, uns für zwei Nächte aufzunehmen und zu versorgen.

Nachdem wir uns mit dem Tower of Power aufeinander eingestimmt haben, geht es los. Kaum sind wir aus Bautzen raus, wird es schwierig, den richtigen Weg zu finden. Offenbar gelingt uns das nicht immer, und irgendwann stapfen wir über ein frisch gepflügtes Feld, was mit dem schweren Gepäck auf dem Rücken sehr anstrengend ist.

In Großdubrau, dem Ziel unserer heutigen Etappe, warten die nächsten Schwierigkeiten. Auf der Suche nach Arbeit schwärmen wir in Kleingruppen aus und durchkämmen das Dorf rauf und runter – doch ohne Erfolg. Immerhin finden zwei Gruppen etwas zu essen.

Kurios ist die Begegnung mit einem älteren Ehepaar. Die Frau ist misstrauisch: „Seid ihr Islamisten?" Wir sind völlig überrumpelt. „Nein, wir sind Christen." Sie scheint etwas beruhigt und erklärt, dass sie selbst ebenfalls Christen seien. Nachdem wir den beiden unser Anliegen etwas genauer erklärt haben, dürfen wir in einer Ecke des Gartens das Nachtlager aufschlagen – aber bloß nicht alle! Wir einigen uns auf vier Personen. Das ist zwar nicht optimal, denn wir wären ja gern als ganze Gruppe über Nacht zusammen geblieben, aber man kann es sich eben nicht immer aussuchen.

Wir richten uns also ein und bekommen auch noch ein paar tiefgefrorene Brotreste. Doch nach einer Weile kommt der Mann noch einmal zu uns hinaus und erklärt zerknirscht: „Ich habe leider eine schlechte Nachricht für euch: Meine Frau möchte nicht, dass ihr hier schlaft. Es tut mir leid. Ich hätte gern mehr für euch getan."

Hm, wie passt das jetzt zu dem christlichen Selbstbild der Frau? Wir sind etwas ratlos. Wie auch immer, es bleibt uns nichts weiter übrig, als unsere Sachen zu packen und zu gehen.

Kurz vor unserem Aufbruch kommt noch eine jüngere Frau zu uns heraus, die sich als die Tochter der beiden vorstellt. Sie will unsere Ausweise sehen. „Man hört ja so viel." „Stimmt", sage ich, „ist aber auch sicher viel Gerede dabei – oder haben Sie selber schon Erfahrungen damit gemacht?" „Nein, nein", sagt sie und händigt mir meinen Ausweis wieder aus. Sie hat nichts auszusetzen, doch ihr Blick bleibt skeptisch.

Als wir dabei sind, das Gelände zu verlassen, kommt auch die Mutter noch mal raus und drückt mir etwas verlegen 20 Euro in die Hand. Es wirkt, als wolle sie sich freikaufen.

Die Episode ist natürlich Gesprächsthema unter den Jugendlichen. Sie sind irritiert. Sicher ist es eine ungewohnte Situation, wenn da auf einmal wildfremde Menschen im Garten sind. Man kann die Frau ja irgendwie verstehen. Und wer weiß denn schon, wie man selbst reagieren würde? Das frage ich mich oft, wenn ich den Leuten unser Anliegen erkläre.

Doch ich habe auch ein bisschen Mitleid mit der Frau. Sie wirkte verkrampft. Alles, was nicht ins Bild passt, wird in einen Topf geworfen: Geflüchtete, Islamisten und eben auch wir, die unkonventionelle Jugendgruppe. Alle stehen unter Verdacht. Ihr Mann war da entspannter. Er hatte längst mitgekriegt, dass wir weder Islamisten noch zwielichtige Gestalten sind, sondern Menschen, denen man trauen kann. Wie kompliziert muss das Leben sein, wenn man so von Angst und Sorge beherrscht wird wie seine Frau?!

Die anderen Gruppen waren bei ihrer Quartiersuche auch nicht erfolgreicher. Sie haben ihr Lager inzwischen auf einer Lichtung im Wald aufgeschlagen. Als wir jetzt dazustoßen, müssen wir alles genau erzählen. Ein ernüchternder Auftakt, doch die Ernüchterung weicht bald der Freude darüber, dass wir die Nacht zusammen verbringen können – ohne Komfort zwar, aber immerhin ist es trocken und mild. Und dank des mitgebrachten Notproviants müssen wir auch nicht hungern. Die Mehrheit schläft unter den beiden Tarps, die wir zwischen den Bäumen aufgespannt haben, während eine Handvoll Mutiger unter freiem Himmel schläft. Eigentlich ist es ganz schön hier. Schöner auf jeden Fall als in einem Garten, in dem man nicht wirklich willkommen ist!

Dienstag, 19.7.2016

Von den 20 Euro, die wir am Abend bekommen haben, besorge ich das Frühstück: Brötchen, Butter, Marmelade, Nutella und Kaffeepulver. Unser Survival-Experte Konrad kocht dazu noch Tee aus Brennnesseln und Spitzwegerich.

Nach dem Frühstück und machen wir erst einmal ein paar Spiele, um einander besser kennenzulernen. Wie immer bei einer Null-Euro-Tour kennt man ja höchstens zwei, drei andere in der Gruppe, die ansonsten aus ganz Sachsen bunt zusammengewürfelt ist.

Unter denen, die ich selbst schon kenne, ist Ali, ein 16jähriger, der im Jahr zuvor aus Afghanistan geflohen ist, um der Zwangsrekrutierung durch die Taliban zu entkommen. Ich habe ihn im Begegnungscafé Pirna kennengelernt. Er fiel mir auf, weil er nach kurzer Zeit schon recht gut Deutsch sprach. Als ich ihn zur Null-Euro-Tour einlud, sagte sofort dankbar zu. Wie mutig, in einem noch recht fremden Land, mit einer weitgehend unbekannten Gruppe, noch dazu nur Christen – alle bis auf ihn, Ali, der als Afghane natürlich im muslimischen Glauben erzogen wurde!

Jetzt also machen wir ein paar Kennlern-Spiele, und am Ende kennen wir von allen wenigstens die Namen. Außerdem haben wir schon mal schön miteinander gelacht. Das hilft, wenn es jetzt darum geht, schwer bepackt die ca. 25 km zu unserem Tagesziel Boxberg in Angriff zu nehmen.

Auf dem Weg dorthin kommen wir durch keinerlei Siedlungen mehr. Wir haben also keine Gelegenheit, zu arbeiten, was aber heute gar nicht unbedingt nötig ist, denn für das Abendessen wird beim CVJM wohl gesorgt sein.

Mittags kochen wir Tütensuppe aus dem Notproviant. Nach der Rast fällt es schwer, die schweren Rucksäcke wieder zu schultern und in die Gänge zu kommen. Die Mittagssonne brennt, es gibt kaum Schatten, das Wasser wird knapp, und der Weg zieht sich. Bei manchen melden sich jetzt Blasen, die immer schmerzhafter werden. Endlich erreichen wir den Bärwalder See. Doch damit sind wir noch lange nicht am Ziel, denn jetzt müssen wir noch zum Nordufer, und das sind noch einmal mindestens sechs Kilometer.

Erst nach 18.00 Uhr erreichen wir endlich unser Ziel. Die Strapazen sind sofort vergessen. Denn jetzt sind wir an einem herrlichen Strand und springen erst einmal ins Wasser. Anschließend wartet Waldemar „Waldi" Butler vom CVJM schon mit einem üppigen Picknick auf uns. Es gibt Melonen, Saft, frische Brötchen, jede Menge Aufstrich und Belag und eine riesige Schüssel Salat. Glücklich lassen wir uns die guten Sachen schmecken. Nach dem Essen gibt es eine Gesprächsrunde mit Waldi, der sehr an der Null-Euro-Tour interessiert ist. Er hat auch Gitarre und Liederbücher mitgebracht, so dass wir noch lange im warmen Sand sitzen und singen. Und dann wird wieder gespielt. Wir spielen verrückte Spiele wie „Hu-schu-fa!", „Kotzendes Känguru" und „Fuß-Twister".

Als wir spät abends zum Gemeindehaus in Boxberg kommen, wo wir die Nacht verbringen werden, geht das Spielen weiter. Gegen

Mitternacht macht sich dann jedoch Müdigkeit bemerkbar – kein Wunder nach den Strapazen des Tages. Wir schlüpfen in die Schlafsäcke, und während mir schon fast die Augen zufallen, bekennt mir einer von den Jungen, dass er heute kurz davor war, aufzugeben. Aber jetzt ist er froh, dass er durchgehalten hat.

Mittwoch, 20.7.2016

Morgens kommt Waldi mit Frühstücksbrötchen und allem anderen, was zu einem richtigen Frühstück gehört. Dazu gehört nicht nur die Nahrung für den Leib, sondern auch die geistliche Nahrung. Dafür sorgt Alexander mit der Tageslosung aus 5.Mose 16,16b+17: „Man soll aber nicht mit leeren Händen vor dem HERRN erscheinen, sondern ein jeder mit dem, was er zu geben vermag, nach dem Segen, den dir der HERR, dein Gott, gegeben hat." Alexander erklärt dazu: Wir haben als Null-Euro-Touristen Segen empfangen – Gastfreundschaft, gutes Essen, kostbare Zeit in Gottes schöner Schöpfung, gute Begegnungen und Gespräche, etc. – also können wir etwas weitergeben an die, denen wir begegnen: unsere Arbeitskraft, unsere Gedanken, unsere Gesellschaft, etc.

Das ist eine passende Einstimmung auf das, was uns heute erwartet, denn heute Vormittag steht ein großer Arbeitseinsatz auf dem Programm. Waldi hat Arbeit für drei Kleingruppen organisiert: Die erste Gruppe klebt Plakate für eine Veranstaltung auf Pappen und bereitet anschließend unser Mittagessen zu. Die zweite Gruppe geht Unkraut jäten bei einer älteren Frau aus Waldis Gemeinde. Die dritte Gruppe geht zum Pflegeheim und begleitet die Rollstuhlfahrer des Heims zu einer Ausfahrt zum nahen Bärwalder See.

Als die neun Seniorinnen da so aufgereiht an der Uferpromenade in ihren Rollis sitzen und auf den spiegelglatten blauen See hinausschauen, ist das ein erhebender Augenblick. Für sie ist es eine Premiere: Zum ersten Mal, seit sie in dem Heim wohnen, sind sie am See. Die Pflegerinnen kommen sonst einfach nicht dazu. Jakob kommt dann noch auf die schöne Idee, der von ihm geschobenen Seniorin einen Wiesenblumenstrauß zu pflücken. Sie ist sichtlich gerührt, und ihr von Falten zerknittertes Gesicht wird von einem dankbaren Lächeln durchzogen.

Zurück im Pflegeheim werden weitere Heimbewohner ins Foyer geholt, und wir singen für alle „Großer Gott, wir loben dich".

Schwester Ines, die den Ausflug zum See angeführt hat, ist so begeistert, dass sie uns für den nächsten Tag zum Mittagessen in ihrem gut sieben km entfernten Dorf Reichwalde einlädt. Na, da ist das Mittagessen für morgen doch schon mal gesichert! Bis zum heutigen Mittagessen sind noch ca. zwei Stunden Zeit, und die nutzen wir, indem wir am Strand und auf dem Gelände einer Freiluftbühne Müll sammeln. Jugendliche, die freiwillig Müll aufsammeln – ein seltener, ermutigender Anblick! Wir gehen mit großem Eifer ans Werk, bis in der ganzen Gegend kein Schnipsel mehr zu finden ist!

Dann wird im Boxberger Gemeindehaus das Mittagessen serviert. Es gibt Pizza und zum Nachtisch Plinsen (Eierkuchen) mit Eis – und schon wieder macht die Rede von der „Null-Euro-Schlemmertour" die Runde.

Der Nachmittag ist frei. Wir nutzen das herrliche Sommerwetter zum Baden und Spielen. Außer Volleyball und Fußball stehen auch wieder Jugendspiele wie das Reaktionsspiel „Fleisch" hoch im Kurs. Nach dem Picknick am Strand lesen wir in der Bibel und singen, begleitet von Waldis Gitarre. Die Aussicht, heute nicht mehr weiterziehen zu müssen, sondern eine zweite Nacht in dem komfortablen Boxberger Gemeindehaus bleiben zu können, sorgt für eine sorglose Ausgelassenheit. Dabei kommt es zu einem kleinen Unfall: Beim Toben im Wasser schlägt ein Mädchen schmerzhaft auf dem Nacken auf. Da sie aber schnell wieder steht, ist die Sache bald vergessen.

Erst in der Nacht kehren die Schmerzen zurück – und zwar so heftig, dass an Schlafen nicht mehr zu denken ist. Eine ganze Weile versucht sie tapfer, die Schmerzen auszuhalten, doch irgendwann geht das nicht mehr, und ihr Freund weckt mich auf. Da auch Schmerztabletten nicht weiterhelfen, beschließen wir, ins Krankenhaus zu fahren. Gott sei Dank sind wir gerade in Boxberg bei Waldi, und der überlässt mir dankenswerterweise seinen Wagen. So fahren wir zum nächsten Krankenhaus nach Weißwasser. Und noch einmal „Gott sei Dank": Es ist nichts Ernstes. Eine Schmerzmittel-Injektion und eine Halskrause helfen, so dass wir anschließend sogar noch ein paar Stunden Schlaf finden.

Mittwoch, 20.7.2016

Nach anderthalb Tagen am Bärwalder See geht es heute weiter. Das Ziel ist klar: Reichwalde. Dort haben wir ja eine Verabredung mit Schwester Ines.

Auf dem Weg dorthin kommen wir an einem Schild vorbei, das die Durchfahrt verbietet und eine Schranke ankündigt. Als wir später an die Schranke kommen, schlägt sich Ali, der ja erst dabei ist, deutsch zu lernen, an den Kopf: „Ach, das ist gemeint! Ich habe die ganze Zeit auf einen *Schrank* gewartet!" Alle lachen. Wunderbar, wie gut Ali sich in die Gruppe einfügt! Er ist eine große Bereicherung. Und wie sehr könnten solche Menschen auch unsere Gesellschaft bereichern – wenn man sie ließe! Stattdessen stempelt man sie als Islamisten ab!

In Reichwalde finden wir das Haus von Schwester Ines schnell. Die Arbeit, die sie für uns hat, ist eher symbolisch: Wir lesen Fallobst auf und rechen etwas Laub zusammen, gleichzeitig helfen einige bei der Zubereitung des Mittagessens. Es gibt Suppe und belegte Brötchen in der Gartenlaube. Beim Essen erzählt Schwester Ines davon, wie sie durch den Braunkohletagebau ihr Heimatdorf verloren hat. Am Bärwalder See haben wir die dampfenden Kühltürme des Kraftwerkes Boxberg gesehen. Auch der See selbst ist ja ein Nebenprodukt des Kohleabbaus. Er ist eigentlich ein geflutetes Restloch des Tagebaus Bärwalde. Auf einmal sind wir mit den Nebenwirkungen unseres unersättlichen Hungers nach Energie konfrontiert. Schwester Ines hat zwar nicht allzu weit von ihrem weggebaggerten Heimatdorf ein schönes neues Heim gefunden; doch Heim ist nicht gleich Heimat. Ihre Heimat hat sie verloren. Das ist kein leichtes Los, das übrigens auch mit einem hohen biografischen Risiko verbunden ist. Schwester Ines hat uns einen Blick in die verwundete Seele einer heimatlos Gewordenen gewährt; wir sind dankbar, aber auch ein bisschen erschüttert.

Bevor wir weiterziehen, gibt sie uns noch den Tipp, den Ladusch-Hof in Kreba-Neudorf anzusteuern. Die Bauersleute Ladusch seien bestimmt für unser Anliegen offen.

Als wir schon eine ganze Weile unterwegs sind, erklärt eine der Jüngeren unter Tränen: „Ich kann nicht mehr. Ich muss mich abholen lassen!" Sofort legen wir eine längere Pause ein. Ihr Gepäck verteilen wir auf diejenigen, die noch Reserven haben. Und schon sieht die Welt ganz anders aus. Von Aufgeben ist danach keine Rede mehr.

Auf dem Weg nach Kreba-Neudorf fragen wir – für den Fall, dass es auf dem Ladusch-Hof nicht klappt – noch hier und da nach Arbeit. Doch jedes Mal heißt es: „Bei mir geht da leider nichts. Aber versucht es doch mal auf dem Ladusch-Hof! Da habt ihr bestimmt Glück." Und jedes Mal steigen unsere Erwartungen ein Stück höher.

Auf dem Ladusch-Hof stellt sich heraus, dass Frau Ladusch gerade die Stube voller Senioren hat, die zum Kaffeekränzchen geladen sind. Der Zeitpunkt ist also suboptimal. Doch als wir Frau Ladusch davon erzählen, dass sie uns von mehreren Leuten empfohlen worden ist, sagt sie lachend: „Da kann ich ja gar nicht mehr nein sagen! Na, dann setzt euch erst mal. Ich komme dann zu euch, wenn die Gäste raus sind." Wir singen für den Seniorenkreis noch „Das Wandern ist des Müllers Lust", und dann lassen wir uns erleichtert auf den großzügigen Sitzgelegenheiten nieder.

Nachdem der Seniorenkreis verabschiedet ist, versorgt uns Frau Ladusch mit Werkzeugen zum Unkrautjäten und Eimern zum Äpfel aufsammeln und verschwindet erst einmal wieder zu irgendeiner Sitzung. Wir gehen frisch ans Werk. Nach einer Weile taucht auch Herr Ladusch auf. Er hat weitere Arbeit für uns. Genau genommen kommen wir wie gerufen, denn die geernteten Ähren der

Sorte „Bergners Schlesische Wintergerste", eine Getreidesorte, mit der er gerade experimentiert, lassen sich nur manuell verarbeiten. Da es sich um einen ganzen Hänger voll Ähren handelt, wäre er allein wohl tagelang damit beschäftigt gewesen. Mit unserer Hilfe ist die Arbeit dann aber in wenigen Stunden erledigt. Dabei erfahren wir alles über die Vorzüge dieser alten heimischen Getreidesorte: vor allem, dass sie nicht so hochgezüchtet ist wie die sonst übliche Wintergerste, dafür aber nahr- und schmackhafter.

Nach getaner Arbeit und dem köstlichen Abendessen mit Kräuterwasser, Schmalz und Honig aus eigener biologischer Produktion ist noch Zeit für Spiel und Spaß: Ringen, Vier gewinnt, im Heu toben, etc. Vor allem die Mädchen üben den choreografischen „Cup Song" – und bringen es dabei zu erstaunlicher Perfektion.

Anschließend lassen wir den Abend am Lagerfeuer ausklingen. Es geht uns richtig gut – bis abends die Mücken in Scharen auf uns losgehen. Da liegen wir schon in unseren Schlafsäcken – doch den Mücken reicht das kleinste Luftloch, um uns fürchterlich zu piesacken. Ich halte es irgendwann nicht mehr aus und probiere auf gut Glück, ob sich die Gartenlaube, unter dessen Vordach ich mich gebettet habe, öffnen lässt – und siehe da: Es geht! Eigentlich will ich mich ja nur auf den Fußboden legen, Hauptsache, ich kann die Tür schließen und die Mücken aussperren. Doch dann sehe ich dort eine Matratze liegen… die Versuchung ist einfach zu groß. Im nächsten Moment liege ich wunderbar weich auf der Matratze. Das schlechte Gewissen hindert mich nicht daran, zu schlafen wie ein Stein.

Freitag, 21.7.2016

Am nächsten Morgen sehe ich, wie die Matratze, auf der ich geschlafen habe, aus der Gartenlaube geholt und weggetragen wird! Es stellt sich heraus, dass sie entsorgt wird. Habe ich sie etwa so ruiniert? Doch nein: Nicht, weil ich darauf geschlafen habe, wird sie entsorgt – das hat offenbar niemand mitgekriegt –, sondern weil sie angeblich durchgelegen sei (was mir in der Nacht völlig entgangen ist). Ich habe also auf einer designierten Sperrmüll-Matratze geschlafen. Was für eine glückliche Fügung!

Nach dem Frühstück und einer Andacht von Jakob setzen wir das Unkrautjäten noch eine Weile fort, bevor wir zum Nachbarort Mücka aufbrechen, wo wir die umständliche Heimreise mit Bus und Bahn antreten. Unterwegs verputzen wir noch unseren Notproviant: Knäckebrot, Studentenfutter und sogar einen Rest Ginger Ale gibt es noch irgendwoher.

Am Nachmittag kommen wir etwas k.o., aber glücklich in Bautzen an. Dort bekommen die Teilnehmenden ihre Portemonnaies und Handys sowie die 50 Euro Kaution zurück.

Lavinia, die in der Nähe von Bautzen wohnt, muss noch eine Weile auf den Bus warten. Sie versichert mir, dass wir schon heimfahren können. Da sie erst 13 ist, rufe ich später noch mal bei ihr zu Hause an, um mich zu erkundigen, ob sie gut angekommen ist. Ich erwische ihre Mutter, die die Gelegenheit nutzt, um mir zu danken. Lavinia habe ihr gesagt: „Mama, in dieser Woche bin ich Gott nähergekommen." Kann es ein schöneres Fazit geben?

Drei Jahre später treffe ich Lavinia bei einer Jugendwoche in Bautzen wieder. Sie strahlt mich an, doch ich brauche eine Weile, bis ich sie erkenne – schließlich habe ich sie seitdem nicht mehr gesehen. Sie zeigt mir eine Ausgabe der „Sis", ein christliches Magazin für Teenie- Mädchen. Dort gibt es eine Rubrik, wo Leserinnen über ganz besondere Erlebnisse berichten. In der Ausgabe, die sie mir überlässt, ist ein kurzer Bericht von ihr über die Null-Euro-Tour abgedruckt. Darin schreibt sie:

„Am aufregendsten ... war die 0€-Tour. Anfangs war ich nicht sehr begeistert, denn das Konzept lautete: keine Handys, kein Geld, keine Zelte, kein Programm und kein fester Zeitplan. Wir waren 20 Jugendliche, die mit mehreren Kilos Gepäck auf dem Rücken und ganz im Vertrauen auf Gott loszogen, um echte Abenteuer, Gemeinschaft und Wunder zu erleben. Schon der erste Tag hatte es in sich. ... Wir stießen auf jede Menge Ablehnung. Ein älteres Ehepaar bezeichnete uns sogar als Islamisten. Doch nicht einmal fühlte ich Hoffnungslosigkeit oder Enttäuschung. Im Gegenteil – trotz aller Hindernisse war unsere Reise voll von Momenten der Freude und wundervollen Begegnungen. Ich habe erlebt, wie Gott uns versorgt und es uns trotz Hunger und Erschöpfung an nichts mangelte. Das war eine unglaubliche Erfahrung! Jetzt schätze ich im Alltag vieles, was für mich vorher selbstverständlich war, viel mehr.“

Zwei weitere Rückmeldungen:

Annika schreibt: „Es war auf jeden Fall eine der schönsten, besten und wichtigsten Erfahrungen, die ich in meinem Leben je gemacht habe und machen werde.“

Und Ali, der Geflüchtete aus Afghanistan, meint: „Das war die beste Woche meines Lebens.“

Beide werden auch bei der Tour im nächsten Jahr wieder dabei sein. Annika lässt danach jahrelang keine Null-Euro-Tour aus (es sei denn, sie ist gerade zu einem Austauschjahr in Australien). Und auch das Mädchen, das am vierten Tag erschöpft aufgeben wollte, ist 2018 wieder dabei. Da staunt sie dann selbst über die Entwicklung, die sie in den zwei Jahren seit 2016 gemacht hat. Und sie ist sich sicher: Die Null-Euro-Tour hat dazu beigetragen.

Auf Luthers Spuren
Lutherweg im Sächsischen Burgenland (2017)

2017 ist das Lutherjahr: Vor 500 Jahren veröffentlichte Martin Luther seine 95 Thesen. Was liegt da näher, als in diesem Jahr im Rahmen der Null-Euro-Tour Luthers Spuren zu folgen? Schließlich gibt es da ja jetzt auch den neu eingerichteten Luther-Weg. So lässt sich das Glaubens- und Abenteuer-Projekt Null-Euro-Tour gut mit dem Bildungsauftrag evangelischer Jugendarbeit verbinden. Auf diese Weise wird den vielen kirchlich-hochkulturellen Aktivitäten im Rahmen des Luther-Jubiläums eine Art Graswurzel-Aktion hinzugefügt, die übrigens gar nicht weit entfernt von Luthers Anliegen ist. Denn die Null-Euro-Tour lebt vom Gottvertrauen; sie lässt sich sozusagen nur sola fide, allein durch Glauben, durchführen. Sie beruft sich dabei auf das Vorbild des Wanderpredigers Christus: solus Christus also. Und schließlich machen wir uns bei der Tour ganz von der gnädigen Freigebigkeit unserer Gastgeber abhängig; mit etwas gutem Willen könnte man hier von einer kreativen Umsetzung des sola gratia-Gedankens sprechen.

Gedacht, getan. Das Mitarbeiter-Team kann ich in diesem Jahr ganz aus den Reihen der letztjährigen Tour rekrutieren: Jakob war da bereits Mitarbeiter; hinzu kommen Theresia und Katharina, die als Teilnehmerinnen dabei waren.

Die elf Teilnehmenden finden sich wieder aus ganz Sachsen zusammen.

Montag, 30.7.2017

Am Mittag des ersten Tages treffen nach und nach die Teilnehmenden ein. Diesmal ist der Treffpunkt der Bahnhof Grimma.

Zehn Mädchen stehen nur sechs Jungen gegenüber. Interessant, dass sich wieder mehr Mädchen angemeldet haben als Jungen!

Unsere erste Station ist die nahe Klosterruine Nimbschen. Hier erfahren wir von der spektakulären Flucht Katharina von Boras und elf ihrer Mitschwestern, die nach der heimlichen Lektüre von Luthers Schriften mit dem Klosterleben nichts mehr anfangen konnten und das Zisterzienserinnen-Kloster Marienthron bei Nacht und Nebel auf einem Planwagen verließen. Eingefädelt hatte diesen Coup kein geringerer als Martin Luther selbst, und er war es ja dann auch, der Katharina später zur Frau nahm.

Es ist heiß, und bereits in Kleinbothen müssen die ersten Wasserflaschen nachgefüllt werden. Da passt es ganz gut, dass Theresia in Kleinbothen zuhause ist. Hier kommt das Wasser aus dem Hahn. Und Theresias Mutter schenkt uns gleich noch ein paar Gurken und spendiert uns im benachbarten Freibad ein Eis! Eis – davon hatten wir gar nicht zu träumen gewagt!

Wir laufen weiter nach Kössern. Als wir im dortigen Rittergut nach unverkauftem Kuchen fragen – es ist inzwischen später Nachmittag, und die Kaffeezeit ist vorbei –, haben wir Glück: Wir werden eingeladen, im schönen Garten des Ritterguts Platz zu nehmen. Mitarbeiterin Heide fährt extra mit dem Fahrrad nach Hause und holt einen Becher Lauch-Käse-Suppe und einen Laib Brot. Und die Chefin serviert verschiedene Salate- und Kuchenreste. Der absolute Hit ist ihr Schokokuchen mit Salz, nach eigenem Rezept. Dieses Geschmackserlebnis wird uns in Erinnerung bleiben – vor allem dann, wenn in den nächsten Tagen der Hunger quält. „Jetzt ein Stück Schokokuchen mit Salz, das wär's, oder?"

In Kössern finden wir jedoch weder Arbeit noch eine Möglichkeit, zu übernachten. Doch im nahen Thümmlitzwald ist auf der Karte eine Waldkapelle verzeichnet. Da es schon langsam Abend wird, beschließen wir, die Waldkapelle anzusteuern, in der Hoffnung, dass wir dort in irgendeiner Weise Quartier finden.

Als wir den Ort nach langem Umherirren endlich finden, stellt sich heraus, dass von der Kapelle nur der Sockel der Grundmauer übrig ist. Die Kapelle selbst fiel, wie das ganze Dorf, im 30jährigen Krieg der Pest zum Opfer. Das Dorf wurde aufgegeben und verfiel. Alles, was heute noch an seine Existenz erinnert, sind die spärlichen Reste der Kapelle.

Na gut, immerhin haben wir dort eine einigermaßen ebene Fläche, über der wir unsere Tarps aufspannen. Es ist alles recht einfach, aber es geht.

Wie war das eigentlich, als Martin Luther unterwegs war, z.B. als junger Mönch zu Fuß nach Rom? Vermutlich musste er des Öfteren genauso mit einem einfachen, improvisierten Nachtlager vorlieb nehmen wie wir. Auch das gehört dazu, wenn man auf Luthers Spuren unterwegs ist.

Dienstag, 31.7.2017

Das Gewitter kommt um 3.00 Uhr morgens. Es bringt eine Menge Regen mit, der die nächsten zwei Stunden auf uns niederprasselt. Die Tarps sind hoffnungslos überfordert. Das Zeltdach ist für 15 Personen eigentlich zu klein. Vor allem die, die am Rand liegen, werden nass. Aber auch für die anderen ist an Schlafen nicht zu denken. Wir sind viel zu sehr damit beschäftigt, die vollgelaufene Plane nach oben zu drücken, damit das Wasser außen abläuft.

Am Morgen schälen wir uns verfroren aus den klammen Schlafsäcken. Manche haben ganz schön was abgekriegt. Unvergesslich
bleibt das Bild, wie Ali einen ganzen Schwall Wasser aus seinem
Schlafsack wringt!

Nach einem Frühstück aus dem Notproviant brechen wir auf und
wandern Richtung Süden. Die feuchten Sachen werden in der
Sonne bald trocken, sogar Alis Schlafsack. Von Maaschwitz an
folgen wir der Freiberger Mulde bis nach Tragnitz. Wir finden die
ganze Zeit keine Arbeit, und auch kaum zu essen; ein paar noch
ziemlich grüne Äpfel an einem Straßenbaum sind alles, was wir
zwischen die Zähne bekommen.

Doch in Tragnitz ist Theresias Oma beerdigt worden, wie ihr jetzt
einfällt. Katja Schulze, die Pfarrerin, ist ihr als zugewandte Frau
in Erinnerung geblieben. Wir finden ihre Telefonnummer und rufen sie an. Zwar ist sie gerade auf der Heimreise von der Hochzeit
ihrer Nichte und hat noch ein paar Stunden Fahrt vor sich. Doch
wir dürfen im Gemeindehaus Tragnitz übernachten, und sie verspricht, uns auch noch etwas zu essen vorbeizubringen. Wir sind

sehr erleichtert, denn eine zweite Nacht ohne Dach über dem Kopf wäre schon heftig.

Jetzt haben wir erst einmal Zeit zum Baden in der Mulde. Danach sieht die Welt schon ganz anders aus. Für Katharina und Pauline war die vergangene Nacht jedoch zu strapaziös. Ihnen reicht es. Sie lassen sich von den Eltern abholen, die zum Glück nicht weit entfernt wohnen.

Neun von uns gehen anschließend ins benachbarte Leisnig und fragen kurz vor Ladenschluss in einem Eiscafé und einer Bäckerei nach unverkauftem Brot und Kuchen – mit maximalem Erfolg: Wir ergattern drei Laibe Brot und jede Menge Brötchen! Wir stehen noch vor der Bäckerei und feiern unsere Ausbeute, da kommt die Verkäuferin noch einmal mit einem Stück Blechkuchen heraus. „Hier, das ist auch noch übrig. Wer will?" fragt sie und drückt es dem Nächststehenden in die Hand. Der freut sich natürlich – es ist ausgerechnet der Jüngste, der immer besonders hungrig ist. Doch bevor er hineinbeißen kann, greife ich ein: „Moment! Das wird natürlich geteilt!" Ein Stück Kuchen, geteilt durch neun, das reicht dann höchstens für den hohlen Zahn. Die Enttäuschung steht unserem Jungen ins Gesicht geschrieben. Doch da muss er jetzt durch.

Zurück in Tragnitz bekommen wir eine Kirchenführung von Herrn Neumann. Herr Neumann ist Mitglied des Kirchenvorstands und engagiert sich vor allem in Bau-Angelegenheiten. Und gebaut wurde in den vergangenen Jahren viel. Herr Neumann brennt für seine kleine Dorfkirche. Stolz erklärt er uns, was man da alles gemacht hat. Und dann zeigt er uns auch noch die Fledermäuse im Turm. Wir sind beeindruckt.

Abends kommt Pfarrerin Schulze mit Käse, Wurst, Melone und anderen Köstlichkeiten. Um nicht wieder abzusaufen, übernachten wir diese Nacht alle im Gemeindesaal. Gott sei Dank haben wir diese Möglichkeit, denn auch in dieser Nacht zieht ein Gewitter durch!

Mittwoch, den 1.8.2017

Heute steht vor allem Arbeiten auf dem Programm. Zuerst Unkraut jäten und Laub rechen rund um die Tragnitzer Kirche. Dann geht es weiter nach Leisnig. Dort erhalten wir in der schönen St.-Matthäi-Kirche eine engagierte Führung durch Pfarrerin Schulze. Besonderes Augenmerk findet der Hochaltar aus dem 17. Jahrhundert. Katja Schulze weist darauf hin, dass die römischen Soldaten, die Jesus gekreuzigt haben, aussehen wie die Soldaten im 30jährigen Krieg – wie *Christen*, mit anderen Worten! Für die damalige Zeit ist das ein ungewöhnliches Statement, das ein selbstkritisches Licht auf die innerchristlichen Streitigkeiten wirft, die so viel Leid über weite Teile Europas gebracht haben. (Wir selbst haben ja an der Waldkapelle noch die Spuren der Zerstörung gesehen.)

Auch das dunkle Kapitel des 30jährigen Krieges gehört zu den Nachwirkungen der Reformation, deren 500. Jubiläum wir in diesem Jahr begehen. Doch Leisnig steht natürlich noch für ein anderes Detail der Reformationsgeschichte: der Leisniger Kasten, eine Sozialkasse, die von den vier Ständen – Adel, Ratsherren, Bürger und Bauern – gemeinsam verwaltet wurde. Daher ist der Kasten auch mit vier unterschiedlichen Schlössern gesichert und konnte nur von Vertretern aller vier Stände gemeinsam geöffnet werden, wenn die sonntags zum Gottesdienst zusammenkamen. Was für eine Gewissenhaftigkeit, um die Gelder gerecht zu verteilen! Und was für eine Kooperation über Standesgrenzen hinweg! Eine Haltung, die gerade in einer auseinanderdriftenden Gesellschaft wie der unseren als Vorbild dienen könnte – und *sollte*, wie Katja Schulze meint!

Übrigens wurde der Leisniger Kasten auch deshalb eingerichtet, weil nach der Reformation plötzlich die Wirtschaftsbasis des nahen Klosters Buch weggebrochen war. Da aber nicht alle Mönche das Kloster verlassen wollten, mussten die verbleibenden Mönche aus Spendengeldern versorgt werden.

Der Leisniger Kasten hat aber noch einen ganz persönlichen Bezug zu dem Mann, auf dessen Spuren wir unterwegs sind: Martin Luther wirkte an der Ordnung mit, die die Einnahmen und Ausgaben der Sozialkasse regelte. Unter anderem schrieb er 1523 dazu ein Vorwort. Das wertvolle Original der „Leisniger Kastenordnung", die als ältestes evangelisches Sozialpapier gilt, befindet sich im Archiv der Leisniger Kirche. Das bekommen wir zwar nicht zu sehen, aber Pfarrerin Schulze zeigt uns einen Nachdruck und gerät bei ihrer Erläuterung geradezu ins Predigen.

Auf die Jugendlichen hinterlässt diese Begegnung großen Eindruck. Zum Beispiel Jakob: „Bis jetzt habe ich für alte Kirchen eigentlich nicht viel übriggehabt. Ich hätte gesagt, wenn eine Kirche nicht von der Gemeinde aus eigener Kraft erhalten werden kann – weg damit! Als Museen brauchen wir die Kirchen nicht. Aber nach den beiden Kirchenführungen gestern in Tragwitz und heute in Leisnig merke ich, wie sich meine Haltung verändert. Für diese Kirchen opfern Menschen einen großen Teil ihrer Kraft. Da kann man die nicht einfach abreißen."

Als wir später rund um die Leisniger Kirche Unkraut jäten und Touristen uns fragen, ob sie einen Blick in die Kirche werfen können, ist es dann auch Jakob, der den Schlüssel besorgt und ihnen eine Einführung gibt.

Mittags gibt es in der Superintendentur Nudeln mit Tomatensoße und zum Nachtisch Eis. Anschließend setzen wir den Arbeitseinsatz fort. Die Jugendlichen gehen dabei wieder sehr gewissenhaft ans Werk, und am Ende ist nicht mehr das kleinste Unkräutlein zu finden. Das beeindruckt auch den Superintendenten Liebers, der gerade vorbeikommt. Er empfiehlt uns, als nächstes das nahe Kloster Buch anzusteuern – und kündigt uns telefonisch gleich mal beim Vorsitzenden des Fördervereins, Heiner Stephan, an: „Denen kannst du trauen. Die haben hier gerade in der schlimmsten Mittagshitze stundenlang geschuftet. Das ist was Seriöses."

Seine Empfehlung wird zu unserer Eintrittskarte. Und so gelangen wir an den Ort, an den im 16. Jahrhundert ein Teil des Geldes aus dem Leisniger Kasten floss. Herr Stephan führt uns stolz durch das schöne Kloster Buch, das sich durch den Einsatz des Fördervereins in gutem Zustand befindet. Er spendiert Brötchen, Würstchen und einen Kasten Wasser. Auch einen Kasten Bier hat er mitgebracht – aber das kommt natürlich für unsere zum Teil minderjährige Gruppe nicht in Frage – sehr zu Herr Stephans Erstaunen.

Abends baden wir in der Mulde. Das Wasser ist klar und erfrischend. Auch der Biber fühlt sich hier wohl.

Die Nacht verbringen wir im Kapitelhaus des Klosters – passender Weise, denn hier befand sich früher das Dormitorium, der Schlafsaal der Mönche.

Donnerstag, 2.8.2017

Zum Frühstück gibt es heute einen großen Topf Tee mit Kräutern aus dem klostereigenen Garten, außerdem Butter, Käse und Marmelade. Hinzu kommt noch ein Eimer frischer Milch von der Nachbarin Pohl, die wir am Abend zuvor kennen gelernt haben.

Dann kommt der Arbeitseinsatz. Wir stutzen eine Lavendelhecke, jäten Unkraut und sammeln Müll. Damit sind wir den Vormittag über beschäftigt.

Zum Mittag gibt es leckeren Kesselgulasch, während die Vegetarier eine Gemüsesuppe bekommen.

Herr Stephan empfiehlt uns, als nächstes zum Töpelwinkel zu wandern und dort das Natur- und Freizeitzentrum anzusteuern. Frau Lau, die Leiterin, sei bestimmt offen für unser Anliegen. Wir folgen seinem Rat und machen den Abstecher in den Töpelwinkel, einen schmalen Landstrich, der von einer engen Zschopau-Kehre umflossen wird.

Unterwegs stellt sich langsam das ausgelassen-entspannte Feeling ein, das so typisch ist für die zweite Hälfte der Null-Euro-Tour. Jetzt wirft uns nichts mehr aus der Bahn. Wir haben bisher gut überlebt, da werden wir auch die letzten Tage noch überleben. Wir sind gelassen und erwartungsvoll.

Am Natur- und Freizeitzentrum angekommen heißt uns Frau Lau ohne zu zögern willkommen und führt uns in den kleinen Hintergarten, wo wir übernachten können. Dann muss sie gleich wieder fort, weil sie das Haus voll Tänzerinnen hat: Die „Tanzperlen des

Zschopautales" absolvieren hier ihr Trainingslager. Abends gibt es die Generalprobe ihres Tanzprogramms, und da diese im Freien stattfindet, dürfen wir zuschauen – und gelangen auf diese Weise sogar noch zu einem Kulturprogramm.

Da es später wieder anfängt zu regnen, dürfen wir sogar im Veranstaltungszelt der Tanzperlen übernachten, als die es nicht mehr brauchen. Nach dem Abendessen lesen wir in der Bergpredigt gemeinsam die Seligpreisungen. Angewiesen auf Gnade, so wie die Armen, Leidtragenden und Hungernden, das sind auch wir – aber nicht nur in diesen Tagen, sondern überhaupt. Das jedenfalls ist der zentrale Gedanke, der Martin Luther umgetrieben hat und der letztlich zur Reformation geführt hat. Damit können wir etwas anfangen.

Freitag, 3.8.2017

Zum Frühstück gibt es Reste aus der Herbergsküche: Porridge, Soljanka, Brot, Landjäger und für jeden einen Müsliriegel. Danach geht's an die Arbeit. Wieder steht Unkrautjäten auf dem Programm. Einige scheinen so etwas noch nicht allzu oft gemacht zu haben. Gut, dass sich die Jugendlichen gegenseitig zeigen können, was Unkraut ist und was nicht – sonst hätten wir wohl mehr Schaden angerichtet als alles andere.

Nach getaner Arbeit dürfen wir mit den Ruderbooten des Freizeitheims auf der Zschopau fahren. Für Ali ist es das erste Mal, dass er einfach so zum Vergnügen in einem Ruderboot sitzt. Anschließend springen wir noch in das kühle Nass der Zschopau.

Zu Mittag gibt es Gemüseeintopf. Frau Lau setzt sich noch ein bisschen zu uns und gibt uns einen Tipp, wo wir es heute mit der Quartiersuche versuchen können: In Diedenhain gibt es einige Höfe, die von jungen, sozial engagierten Menschen betrieben werden, die unter anderem ein spannendes Hilfsprojekt für Afrika organisieren. Bestimmt seien wir da willkommen, wie sie meint.

Dankbar für diesen Tipp steuern wir Diedenhain an. Und tatsächlich: Schon der zweite Hof, an dem wir vorbeikommen, ist offenbar einer von denen, die Frau Lau meinte. Es ist ein ehemaliger Bauernhof, der jetzt als Pension genutzt wird. Für den Inhaber kommen wir wie gerufen: Schon lange will er eigentlich dem Unkraut mal zu Leibe rücken, aber möglichst ohne Chemie-Keule; nur ist er bisher nicht dazu gekommen, die Arbeit ist für ihn alleine einfach zu aufwendig. Und jetzt steht da plötzlich eine ganze Arbeitsbrigade vor der Tür! Er versorgt uns mit Werkzeug und los geht's. Später fällt ihm auch noch eine weitere Aufgabe ein: Eine Trockenmauer soll errichtet werden – genau die richtige Arbeit für die Jungen. Und damit wird das Ganze endgültig zu einer „win win situation".

Beim Unkrautjäten stimmt jemand das Taizé-Lied „Laudate omnes gentes" an, und sofort stimmen andere mit ein. Weitere Lieder folgen, viele auch mehrstimmig. Wir sind im Flow, arbeitend und singend.

Wie wir so über den Hof verteilt mit dem Unkraut beschäftigt sind, kommt ein Mann mit seiner Tochter angefahren. Er bewohnt eine Mietwohnung auf dem Hof und staunt nicht schlecht über die Arbeitsbrigade vor seiner Haustür. Wir stellen uns vor – und da erscheint ein Lächeln auf seinem Gesicht: „Dann weiß ich ja jetzt, mit wem ich Oskars Geburt feiern kann! Wir kommen nämlich gerade aus dem Krankenhaus, meine Frau hat heute entbunden." Aus der win win situation wird damit so etwas wie eine win win win situation.

Als der Inhaber der Pension abends für uns am Grill steht, spendiert der frisch gebackene Vater einen Kasten Getränke. Er ist von unserem Projekt offensichtlich beeindruckt und möchte es genauer wissen: „Was lernt man denn auf so einer Null-Euro-Tour?" Ich gebe die Frage an die Jugendlichen weiter. Ali, der Geflüchtete aus Afghanistan, der heute zum ersten Mal eine Trockenmauer gebaut hat, meint: „Ich habe etwas geschafft, was ich vorher nicht gedacht hätte. Das macht mich selbstbewusst." Tom, ein 14jähriger mit gesegnetem Appetit, findet: „Ich habe gemerkt, dass man teilen muss." Und Theresia sagt: „Dankbarkeit. Man lernt, dass es nicht selbstverständlich ist, ein Dach über dem Kopf und genug zu essen zu haben. Und deshalb wird man dankbar, wenn man es dann doch bekommt."

Dankbar sind wir am Ende alle: für die vielen Menschen mit offenen Herzen, für die herrliche Natur und das Baden in Mulde und Zschopau, für so manches Gespräch und jede Menge herzliches Lachen, dankbar natürlich auch für reichlich Arbeit und Essen. Und dankbar für Gott, der das alles so wunderbar für uns arrangiert hat.

Die Nacht verbringen wir unter den Tarps bzw. unter freiem Himmel. Es ist die erste Nacht, in der es trocken bleibt!

Samstag, 4.8.2017

Der letzte Tag ist Auslaufen. Da der Bahnhof Waldheim gerade mal eine halbe Stunde entfernt ist, jäten wir noch ein bisschen Unkraut und gehen dann ohne Hast die letzte Etappe an.

Unterwegs bekennt Nicole: „Als sich die beiden Mädchen am zweiten Tag abholen lassen haben, war auch ich kurz davor, aufzugeben. Doch ich habe gedacht: Einen Tag halte ich noch durch. Und da wurde es ja dann besser, also bin ich noch einen Tag geblieben, und dann noch einen... Und jetzt bin ich froh, dass ich bis zum Ende durchgehalten habe – und ein bisschen stolz bin ich auch."

Auf der Rückfahrt zum Ausgangspunkt in Grimma ist die Stimmung großartig, wie immer am letzten Tag. Wir lassen uns den nicht verbrauchten Notproviant – Studentenfutter und Müsliriegel – schmecken, tauschen Kontaktdaten aus und genießen das Gefühl, eine echte Herausforderung gemeistert zu haben.

Eine Teilnehmerin schreibt im Rückblick: „Durch das Erinnern an diese Tour kann ich mir immer wieder bewusst machen, dass es sinnvoller ist, nicht aufzugeben, sondern auf Gottes Kraft zu vertrauen." Das ist doch ein handfestes Ergebnis!

Wenn der Hotelier zum DJ wird
Sächsische Schweiz (2018)

Montag, 16.8.2018

Die Null-Euro-Tour 2018 steht für Frauenpower. Vier Männern – drei davon Mitarbeiter – stehen 14 Mädchen gegenüber!

Sie steht außerdem für eine im wahrsten Sinne „malerische" Wanderung: Wir folgen im Wesentlichen dem südlichen „Malerweg" durch den Naturpark Sächsische Schweiz.

Der Malerweg beginnt in Pirna. Vom Bahnhof aus geht es durch die schöne Altstadt. Schon auf diesem ersten Stück erbeuten wir bei Obst- und Gemüsehändlern etliche überreife Aprikosen und Bananen.

Kaum haben wir die Stadt verlassen, beginnt der Malerweg, seinem Namen alle Ehre zu machen. Ruth, die, wie ich selbst, aus Pirna kommt, erklärt uns unterwegs alles Wissenswertes zur Marienkirche, die mit ihrem gewaltigen Dach und dem etwas kurz geratenen Turm das Stadtbild dominiert, sowie zum Schloss, das majestätisch oben auf dem Sonnenstein thront. Auf dem Sonnenstein wurden im Dritten Reich auch Menschen mit Behinderungen vergast, und wir kommen durch den Wald, in dem man später die Asche der verbrannten Leichen gefunden hat. Bis heute künden Markierungen an den Bäumen von den grausigen Funden. Schwere Kost zum Auftakt – doch die Jugendlichen gehen gut mit den Informationen um.

Hinter Obervogelgesang geht es nach Naundorf hinauf. Dort dürfen wir einen Apfelbaum plündern. Die Besitzerin hat auch gleich noch einen Tipp für uns: Wir sollen doch bei ihrem Nachbarn Ackermann[4] mal nach Quartier fragen, der sei für so verrückte Sachen vielleicht zu haben. Das tun wir. Herr Ackermann stimmt allerdings nicht gleich zu. Er hat auch keine Arbeit für uns. Wir sollen doch lieber mal bei der Familienferienstätte von der Caritas fragen. Die sei gleich um die Ecke, und da gebe es bestimmt immer etwas zu tun. Und falls nicht… na, dann sollen wir eben noch mal bei ihm klingeln.

Bei der Caritas klappt es leider nicht. Als wir daraufhin zum zweiten Mal bei Herrn Ackermann klingeln, hat er sich in der Zwischenzeit offenbar mit dem Gedanken arrangiert und lädt uns jetzt in seinen schönen Garten ein. Da es trocken bleiben soll, reicht das ja auch völlig aus. Gut, wir dürfen auch WC und Küche benutzen, und die Feuerschale, wo Herr Ackermann ein Feuer für uns entfacht, über dem wir Würstchen grillen und Brot rösten. Auch der Nachbar spendet noch übrige Bratwürste gestrigen Grillabend, und so werden wir ganz gut satt.

Später kommt noch ein weiterer Nachbar zu Herrn Ackermann. Plötzlich ruft er ganz überrascht aus: „Das ist doch der Johannes!" Da ich ihn nicht gleich einordnen kann, hilft er mir auf die Sprünge: „Wir waren doch 2016 zusammen bei den Christlichen Begegnungstagen in Budapest." Und da fällt der Groschen: Es ist Frank Seifert, der IT-Chef des sächsischen Landeskirchenamtes. Auf der Zugfahrt nach Budapest hatten wir uns auch über die Null-Euro-Tour unterhalten.

Und jetzt macht die Null-Euro-Tour also Station bei ihm in Naundorf. Da staunt er nicht schlecht. Später bringt er uns noch einen Korb Äpfel vorbei. Und er hat auch Arbeit für uns: Wir helfen ihm beim Blumengießen im Garten seiner verreisten Nachbarn. Bei

---

[4] Name geändert.

der Gelegenheit dürfen wir uns auch gleich noch ein paar Salatgurken pflücken. Und dann sagt er etwas Erstaunliches: „Toll, wie eure Anwesenheit die Leute dazu bringt, sich zu öffnen! Herrn Ackermann hätte ich das gar nicht zugetraut, dass er euch so bereitwillig aufnimmt. Und dass der andere Nachbar euch noch mit Würstchen beschenkt, ist geradezu unglaublich! Der schimpft sonst gerne mal auf Sozialschmarotzer und Ausländer – und jetzt unterstützt er euch, die ihr mit leeren Händen kommt! Das hätte ich nicht gedacht!" Es sieht so aus, als wäre die Null-Euro-Tour dazu geeignet, lang gehegte Vorurteile ins Wanken zu bringen.

Als wir nach dem Gießen zurück in Herrn Ackermanns Garten kommen, sind auch Frau Ackermann und die 13jährige Tochter da. Wir erfahren, dass die ältere Tochter vor Jahren ein Freiwilliges Soziales Jahr bei der Evangelischen Jugend Pirna gemacht hat, was ihr offenbar damals gut gefallen hat. Spätestens jetzt haben wir bei den Ackermanns ein Stein im Brett. Die Tochter klinkt sich dann auch mit ein, als wir noch ein paar Kennenlernspiele machen. Wann hat man in Naundorf schon mal so viele junge Leute im Garten?

Dienstag, 17.8.2018

Zum Frühstück spendiert Frau Ackermann unter anderem mehrere Gläser selbst gemachte Marmelade. Als wir uns für die Gastfreundschaft bedanken, sagt sie: „Unsere Tochter fährt demnächst auf eine Freizeit, die uns wegen großzügiger Förderung fast nichts kostet. Da sehe ich das jetzt als Möglichkeit, etwas weiterzugeben. Wir werden beschenkt, und es ist nur angemessen, wenn wir selbst auch großzügig sind."

Herr Ackermann gibt uns noch einen Tipp, wo wir es als nächstes versuchen können: im Elbefreizeitland in Königstein. Die Inhaberin sei „locker drauf" und vielleicht für unser Anliegen offen.

Anschließend nutzen wir den schönen Feuerplatz mit Elbeblick im Garten von Frank Seifert für die Morgenandacht. Dann geht es weiter Richtung Königstein. Dort teilen wir uns in Kleingruppen auf, um effektiver nach Essen und Arbeit zu suchen. Unterwegs zum Elbefreizeitland begegnen wir auf dem Radweg zwei Fahrradtouristen älteren Semesters. Sie halten an und fragen, ob wir auch zu dieser „Null-Euro-Tour" gehören. Dann richten sie uns von einer anderen Kleingruppe aus, dass diese bereits im Elbefreizeitland eingetroffen sei. Wir kommen noch ein bisschen ins Gespräch. Die beiden wollen mehr über die Tour wissen. Und wie ich so erzähle, unterbricht mich der Mann: „Da sind Sie wohl der Jugendevangelist aus dem Landesjugendpfarramt – stimmt, jetzt erkenne ich Sie auch!" Er nimmt seine Sonnenbrille ab und fährt er fort: „Und ich bin Pfarrer Nötzold." Auch ich erkenne ihn jetzt. Er war bis zu seinem Ruhestand Ausbildungsdezernent der Sächsischen Landeskirche. Vor vielen Jahren hatte ich während meines Vikariats mit ihm zu tun. Jetzt wünscht er uns für die weitere Tour alles Gute und verabschiedet sich herzlich. Und seine Frau drückt uns noch 20 Euro in die Hand! Sie hat offenbar gut zugehört.

Im Elbefreizeitland erkundigen wir uns nach der Chefin, die gerade beschäftigt ist. Diana Reynoso ist sympathisch und aufgeschlossen und zeigt uns, wo wir unser Lager aufschlagen können: auf einer Wiese am Rande des Zeltplatzes, direkt an der Elbe.

Besonders Mutige baden ein bisschen in der Elbe. Doch das ist nicht wirklich ein Vergnügen: Am Rand ist es flach und voll großer Steine; in der Mitte, wo es tief ist, ist die Strömung allerdings so stark, dass man sich kaum halten kann. Umso größer ist die Freude, als wir dann sogar noch Schlüssel zu den Duschen bekommen.

Zum Abendessen bekommen wir mehrere Platten mit Brot, Butter, Wurst und Käse. Es ist reichlich, so dass wir auch unsere Zeltnachbarin Sabrina zum Essen einladen können. Sabrina ist Fahrradtouristin aus Sachsen-Anhalt und ganz allein unterwegs. Daher nimmt sie die Einladung dankbar an und bleibt auch noch zur anschließenden Gesprächsrunde bei uns sitzen. Es geht um die Vögel unter dem Himmel und die Lilien auf dem Felde, die alle vom Vater im Himmel versorgt werden (Matthäus 6,19-34). Sabrina bezeichnet sich selbst als Atheistin, kann aber mit diesem Text durchaus etwas anfangen – und vor allem mit der Null-Euro-Tour, die sie geradezu begeistert.

Mittwoch, 18.8.2018

Das Frühstück ist ein Problem: Wir wollten die Sache nicht überstrapazieren und haben bei Frau Reynoso nicht noch ein Frühstück erbeten. Sie hat es auch von sich aus nicht angeboten. Also müssen wir uns selbst kümmern. Aber wir haben ja noch Marmelade und Honig aus Naundorf, außerdem die 20 Euro von Ehepaar Nötzold. Damit lässt sich schon etwas anfangen. Das Problem ist nur: Die nächste Bäckerei befindet sich im Zentrum von Königstein! Zu Fuß würde es über eine Stunde dauern, dort Brot zu kaufen.

Zum Glück haben wir Sabrina kennen gelernt. Ich frage sie, ob sie für uns mit dem Fahrrad nach Königstein fahren und Brot kaufen kann. Sie lässt sich nicht lange bitten und fährt gleich los. Als sie mit vier Broten zurückkommt, sagt sie: „Ich habe mir überlegt, euch die Brote zu schenken. Dafür habt ihr mir eine Begegnung geschenkt, von der ich noch meinen Enkeln erzählen werde." Und so kommt es, dass wir die 20 Euro praktisch zum zweiten Mal geschenkt bekommen.

Dann beginnt der Arbeitseinsatz. Wie so oft, stehen Unkrautjäten und Müllsammeln auf dem Programm. Nach wenigen Stunden sind wir fertig. Wir haben ja aber noch ein Mittagessen in Aussicht, also hängen wir noch ein bisschen herum. Einige Jugendliche kommen mit einem Mann ins Gespräch, der auf dem Gelände des Elbefreizeitlandes Bogenschießen anbietet. Da er gerade nichts anderes zu tun hat, überlässt er uns die Bogen und leitet uns an. Auch einen Volleyball besorgt er uns, so dass wir hier plötzlich ein richtiges Freizeitprogramm haben.

Zu Mittag gibt es Nudeln mit Tomatensoße auf der Hochterrasse – genau das Richtige für hungrige Null-Euro-Touristen!

Danach ziehen wir weiter zum Kurort Gohrisch. Dort steuern wir den Zeltplatz an, wo wir jedoch keinen Erfolg haben. Dafür haben wir umso mehr Erfolg in der dortigen Bäckerei: Wir bekommen drei Brote geschenkt, dazu noch ein Stück Apfelkuchen, das wir gerecht durch 18 teilen.

Als wir am Brunnen von Gohrisch sitzen und beratschlagen, wie es weitergehen soll, kommt ein Tourist mit seinen zwei Enkeln vorbei. Wir kommen mit ihm ins Gespräch. Er nimmt zwar Anstoß an dem Martin-Luther-Portrait auf meinem T-Shirt – Luther ist aufgrund seiner Bauern- und Judenhetze für ihn ein rotes Tuch –, aber die Sache mit der Tour findet er gut. Und so kommt er auf dem Heimweg vom Bäcker noch mal bei uns vorbei und sagt: „Meinen Mantel kann ich nicht mit euch teilen, und Platz habe ich auch nicht für euch, aber was ich habe, ist Brot, frisch vom Bäcker. Ich selbst brauche mit meinen Enkeln nur zwei Brote, das dritte ist für euch." Wir sind völlig überrascht – umso mehr, als etwas später die beiden Jungen noch einmal auftauchen, um uns ein weiteres Brot zu schenken! Wir haben jetzt insgesamt fünf große Brote und können uns so richtig satt essen – und das heute bereits zum zweiten Mal!

Später empfiehlt uns jemand das Hotel Albrechtshof. Da gebe es bestimmt Arbeit für uns. Wir versuchen es.

Dass es dort Arbeit gibt, sehen wir auf den ersten Blick. Allein, es ist noch jede Menge Überzeugungsarbeit erforderlich. Die Frau ist misstrauisch: „Von so etwas habe ich noch nie gehört. Wirklich noch nie!" Nach einigem Hin und Her kommt ihr Mann dazu. Er scheint sich schon eher vorstellen zu können, dass es so etwas wie eine Null-Euro-Tour tatsächlich gibt. Der Rest ist Verhandlungssache zwischen den beiden. Am Ende hat sich offenbar der Mann durchgesetzt.

Er hat auch schon eine Idee für uns: Wir sollen den alten Tennisplatz freilegen, um dann auch gleich dort zu schlafen. Er führt uns durch dichtes Gestrüpp zu einem Ort im Wald, der nur noch durch den hohen Maschendrahtzaun als ehemaliger Tennisplatz zu erkennen ist. Ansonsten stehen die Bäume innerhalb der Umzäunung inzwischen fast genauso hoch wie außerhalb. Der Hotelier ist selbst überrascht und merkt erst jetzt, wie lange er nicht hier gewesen ist. Ohne Kettensäge geht hier gar nichts! Also wird ein rüstiger Rentner aus Tschechien herbeordert, der mit seiner Kettensäge den Bäumen zu Leibe rückt, während wir mit Gartenscheren, Bolzenschneidern und bloßen Händen den Rest erledigen. Wir kommen nur mühsam voran. Aber eins wird schnell klar: Hier können wir nicht schlafen! Der Boden ist so von Wurzeln durchzogen und uneben, dass man keine Prinzessin sein muss, um hier kein Auge zuzudrücken. Und so geht die Verhandlung in die nächste Runde. Wir fragen, ob wir nicht auch woanders schlafen können. Und siehe da: Der Tennisplatz ist nicht das einzige Überbleibsel ehemaliger Freizeitanlagen auf dem Gelände. Etwas tiefer im Wald gibt es da noch die Kegelbahn. Von der Kegelbahn selbst ist freilich nur noch die Hülle übrig. Aber immerhin: Der Estrich ist eben, und das Dach ist dicht. Nur müssen noch ein paar Kubikmeter Laub weggeräumt werden, die sich im Laufe der Jahre in der offenen Kegelbahn angesammelt haben. Dafür finden sich hinter dem Laub sogar noch ein paar Bänke für eine improvisierte Sitzecke.

Abends dürfen wir auf der Terrasse des Hotels Platz nehmen und Soljanka löffeln, serviert vom Hotelier höchstselbst in seiner zünftigen Kellnerkluft. Das fühlt sich gut an!

Dann führt er uns der durch sein Reich, das Hotel Albrechtshof. Das Hotel war zu DDR-Zeiten das Gästehaus des Ministerrats. Nach damaligen Maßstäben war die Ausstattung luxuriös. Das zeigt sich besonders im denkmalgeschützten Tanzsaal, dessen Fußboden aus Bodenleuchten in bunten Farben besteht. Der Hotelier erzählt uns, dass Schostakovich hier im Gästehaus sein achtes Streichquartett komponiert hat. Schostakovich? Sagt den Jugendlichen erst mal nichts. Also spielt uns der Hotelier den berühmten zweiten Walzer von Schostakovich vor. Spontan fangen einige Mädchen an, dazu zu tanzen. Der Hotelier wird zum DJ – und ist ganz gerührt von so viel Begeisterung!

Als wir abends in der „Kegelbahn" liegen, geht es bei den Mädchen um gewisse Mädchenthemen. Aus heimlichem Tuscheln wird bald Gegacker und Gekicher, immer wieder unterbrochen von lautem Lachen und Quieken. Irgendwann fragt eins von den Mädchen: „Wo ist eigentlich der Herr Bartels?" Ich sage: „Der schläft schon." Es folgt eine Schrecksekunde – und im nächsten Moment lautes Gelächter. Sollte tatsächlich schon jemand geschlafen haben, ist er spätestens jetzt wieder putzmunter.

Donnerstag, 19.8.2018

Nach dem Frühstück mit warmen Brötchen und Bohnenkaffee geht es wieder an die Arbeit. Der Tennisplatz ist noch lange nicht fertig freigelegt. Während die Kettensäge ihr Werk verrichtet, transportieren wir schubkarrenweise Baumschnitt und Stämme ab. Bald wird deutlich, dass es hier noch Arbeit für viele Stunden gibt. Wie wäre es, wir blieben noch eine zweite Nacht hier? Dann hätten wir eine sichere Unterkunft mit Dach und Bewirtung auf der Terrasse. Der Hotelier ist interessiert und stellt bereits Bratwurst und Kartoffelsalat in Aussicht. Ein verlockendes Angebot. Doch die Teilnehmenden wollen sich nicht ins gemachte Nest setzen, sondern noch einmal ein neues Quartier finden. Sie brennen auf die Herausforderung. Nun, dann sollen sie sie auch bekommen. Ich stimme zu, schlage aber vor, dass sie die Essens- und Quartiersuche diesmal selbständig übernehmen. Damit sind sie einverstanden.

Bereits nach einer halben Stunde sind drei Brote organisiert. Das geht ja gut los! Auf dem Papststein genießen wir die großartige Aussicht auf die Sächsische Schweiz – und unter anderem auf einen schönen Hof in Papstdorf. Madeleine sagt: „Da will ich heute übernachten." Und während ich an einer Bushaltestelle von Papstdorf in der Sonne liege und auf die Rucksäcke aufpasse, schwärmt der Rest aus.

Eine Stunde später steht fest: Die Sache mit dem Hof geht klar. Die Besitzer sind zwar selbst nicht da. Aber es gibt Urlauber, die das Haus hüten und nichts dagegen haben, wenn wir bei ihnen auf der Obstwiese schlafen. Sie schließen uns auch die Hintertür auf, damit wir die Toilette benutzen können. Was für ein Vertrauen!

Und dann gibt es noch den grandiosen Blick auf die bizarren Schrammsteine und den Falkenstein. Und die Aussicht auf frische

Brötchen am Morgen. Besser hätten wir es nicht treffen können! Genau genommen ist dieses letzte Quartier das schönste der ganzen Tour. Gut, dass sich die Teilnehmenden nicht darauf eingelassen haben, in Gohrisch zu bleiben! Dass sie stattdessen die Herausforderung gesucht haben und dabei über sich hinausgewachsen sind!

Ein Teilnehmer meint später: „Die Null-Euro-Tour hat mir geholfen, mutig zu werden. Einfach so fremde Leute anquatschen, das hätte ich mich vorher nicht getraut. Aber jetzt weiß ich, dass es geht."

Freitag, 20.8.2018

Der letzte Tag beschert uns einen herrlichen Sonnenaufgang über dem Falkenstein – für mich wieder einmal so ein „Brennender-Dornbusch-Moment"!

Die letzte Etappe führt ab Krippen auf dem Mittelhangweg entlang der Elbe. Der Weg zieht sich ganz schön hin. Am Ende sind wir gerade noch rechtzeitig am Haltepunkt und wenig später in der S-Bahn Schmilka-Hirschmühle. Und dann rauscht die Sächsische

Schweiz im Zeitraffer an uns vorbei, und nach nicht viel mehr als einer halben Stunde sind wir wieder in Pirna!

Das Fazit einer Teilnehmerin bringt auf Punkt, was wir alle empfinden: „Mir war noch nie so bewusst, was das heißt, wenn wir beten: ‚Unser tägliches Brot gib uns heute!' Nämlich jeden Tag das Brot für diesen Tag zu erbitten und darauf zu hoffen, dass wir es auch bekommen."

„Könnt ihr nicht einfach noch eine Woche bleiben?"
Zittauer Gebirge (2019)

Bei der Null-Euro-Tour 2019 spielt die Musik eine besondere Rolle. Außerdem steht die Tour für ungewöhnlich spontane Gastfreundschaft: Für manche Menschen scheint es Normalste von der Welt zu sein, Haus und Garten einer 18köpfigen Horde zu öffnen!

Montag, 15.7.2019

Wie immer starten wir mittags am Bahnhof. Diesmal treffen wir uns in Zittau. Die Gruppe ist wieder bunt gemischt. Dazu gehören u.a. ein arbeitsloser junger Mann, der sich in einer Maßnahme für junge Menschen mit psychosozialen Problemen befindet; eine Utopistin, die von einer Gesellschaft ohne Geld träumt; eine Vietnamesin, die für ein FSJ in Deutschland ist; ihre ebenfalls vietnamesischstämmige Cousine, die schon ein paar Jahre in Berlin lebt, ein angehender Theologiestudent und ein Junge, der kurz zuvor zufällig im Radio von der Null-Euro-Tour gehört und sich daraufhin kurzentschlossen angemeldet hat.

Schon auf dem Marktplatz von Zittau erbeuten wir drei Stück Kuchen und eine Tüte Äpfel. Während wir uns den Kuchen schmecken lassen, spricht uns ein Mann namens Martin an, der sich selbst als „Berufspilger" bezeichnet. Er scheint viel auf verschiedenen Pilgerpfaden unterwegs zu sein und erklärt, dass er mehr als 1000 Pfarrer persönlich kennt, u.a. auch „den besten Pfarrer von Thüringen". (Vermutlich handelt es sich genau genommen um den gastfreundlichsten Pfarrer.) Die Jugendlichen finden unsere Unterhaltung amüsant, und Martin freut sich, dass bei uns für ihn auch noch etwas zu essen abfällt.

Von Zittau geht es nach Süden. Am Dreiländereck machen wir Pause. Wir waten durch die Neiße nach Tschechien und springen über den Ullersbach nach Polen.

Jemand empfiehlt uns den Campingplatz am Kristyna-See in Tschechien. Doch das erweist sich als Niete: Nachdem wir wegen einer Polizei-Kontrolle lange an der Rezeption gewartet haben, heißt es kühl: „The answer is no."

Wir ziehen weiter nach Hartau. Dort probieren wir unser Glück bei der Kinderfarm Birkenhof. Mitarbeiter Tim ist unserem Anliegen gegenüber sofort aufgeschlossen, da er selbst früher als Globetrotter durch die Welt getrampt ist. Er überlässt uns Essensreste von der tschechischen Kindergruppe, die gerade da ist: sechs Klöße, etwas Blumenkohl und vier Scheiben Schweinebraten. Das ist nicht gerade viel, doch später überrascht er uns noch mit drei Pizzen, die sich im Eisschrank gefunden haben.

Für das Frühstück am nächsten Tag sorgt Anke, die im Birkenhof Yoga-Kurse anbietet und von unserem Projekt gehört hat. Da sie selbst am Morgen nicht mehr da sein wird, fährt sie extra los, um alles, was wir brauchen, schon heute für uns zu besorgen.

Unser Arbeitsauftrag besteht darin, etwas mit den tschechischen Kindern zu unternehmen. Wir spielen mit ihnen Fußball und singen anschließend mit ihnen am Feuer, wofür Tim eine Gitarre, ein Didgeridoo und haufenweise Perkussionsinstrumente anschleppt. Wir singen Lagerfeuer-Klassiker wie *Yesterday*, *Über den Wolken* und *Der kleine grüne Kaktus*. Leider können die Tschechen die deutschen Lieder nicht mitsingen. Aber dafür singen sie dann auch ein paar tschechische Lieder für uns.

Die Nacht verbringen wir am Rand des Fußballplatzes unter unseren Tarps. Es ist eine überraschend kalte Nacht. Manche frieren ganz schön, besonders ein Mädchen aus Vietnam, die gar keine

Isomatte hat, wie ich erst morgens mitbekomme. Sie sei das Schlafen ohne Matte aus ihrer Heimat gewöhnt, sagt sie. Aber da ist es vermutlich auch wärmer.

Wie das wohl werden wird mit der Vietnamesin und ihrer Cousine? Im Vorfeld erschien es fraglich, ob es gelingen werde, die beiden zu integrieren. Ein Kollege, der sie ganz gut kennt, meinte, wahrscheinlich würden sie immer nur im Doppelpack auftreten und sich sonst eher isolieren. Schauen wir mal…

Dienstag, 16.7.2019

Nach dem Frühstück ziehen wir weiter nach Oybin. Dort gibt es schon wieder Pizza und Kuchen von einer Pizzeria, bei der die Jugendlichen nach Resten gefragt haben. Während wir die Köstlichkeiten genießen, kommen wir mit einem interessierten Touristen aus dem Havelland ins Gespräch. Als er später einige von uns in der Bergkirche Taizé-Lieder singen hört, ist er davon so bewegt, dass er mir 20 Euro in die Hand drückt. Er ist nicht der einzige, den unser Gesang berührt. Eine Tschechin kommt ganz begeistert und sagt: „Danke! Thank you! Poděkovat! Merci!"

Wir sind beeindruckt von so viel unverhofftem „Erfolg". Das bringt uns auf die Idee, auch draußen auf der Straße noch ein bisschen zu singen. So verdienen wir uns weiteres Kleingeld hinzu. Dumm nur, dass wir in Oybin keine Möglichkeit haben, das Geld auch auszugeben, denn der einzige Lebensmittelladen hat heute Ruhetag! Also ziehen wir weiter nach Jonsdorf. Dabei teilen wir uns: Eine Gruppe läuft entspannt unten um den Töpferberg herum, eine andere lässt sich die schöne Aussicht vom Töpfer nicht entgehen. In Jonsdorf treffen wir uns wieder.

Kurz hinter dem Ortseingang klingeln wir einfach mal an einem Hof mit großem Garten – und finden sofort Einlass! Der Besitzer, Herr Richter, zögert nicht einen Moment! Es ist, als habe er auf uns gewartet! Unser Lager dürfen wir auf seiner großen Wiese aufschlagen. Dann dreht er uns noch das Wasser im Hof auf, schließt uns die Gäste-Toiletten im Keller auf und versorgt uns später mit Salz und Pfeffer, einem großen Topf und Spülmittel. Arbeit hat er für uns nicht, weshalb wir auch nicht um Essen bitten. Wir haben ja auch noch 26,50 Euro, die wir in Oybin „ersungen" haben. Damit laufen wir – Van Anh, Anh Thu, Leonore und ich – zum Edeka und kaufen dort ein. Van Anh und Anh Thu, die beiden Vietnamesinnen, sind inzwischen aufgetaut und haben in Leo eine Freundin gefunden, mit der sie jede Menge Spaß haben. So viel zu der Befürchtung, die beiden könnten sich nicht integrieren…

Wir kochen einen großen Topf Reis und Gemüse und werden davon auch einigermaßen satt.

Anschließend laufe ich zum Jonsdorfer Pfarrhaus, wo mein Kollege Christian Mai wohnt, mit dem ich vor vielen Jahren zusammen im Vikariatskurs war. Das Pfarrhaus ist jedoch leer, und so hinterlasse ich bloß eine Nachricht mit meiner Telefonnummer.

Der Höhepunkt des Tages ist dann der Sonnenuntergang, den wir von der nahen „Lindner-Aussicht" aus bestaunen.

Mittwoch, 17.7.2019

Morgens ruft mein Kollege Christian an. Er hat meine Nachricht an seiner Tür gefunden und lädt mich zum Frühstück ein. Da die Jugendlichen noch in den Schlafsäcken liegen, nehme ich die Einladung an. Schön, den Kollegen nach etlichen Jahren wieder einmal zu sehen! Und der Bohnenkaffee und das frische Brötchen schmecken natürlich auch. Das zweite Brötchen lasse ich mir einpacken, worauf er mir noch weitere zwei Brötchen und ein Glas Honig mitgibt. Perfekt, denn zusammen mit den Resten von gestern ergibt das jetzt genau ein halbes Brötchen für jeden – plus eine Schüssel Haferbrei aus unserem Einkauf – eine gute Grundlage für den Tag.

Fast noch wichtiger ist jedoch Christians Tipp, unser Glück als nächstes bei Barbara Herbig, der Pfarrerin von Olbersdorf, zu versuchen. Dort gebe es ein Gemeindehaus mit großem Garten, und die Pfarrerin sei bestimmt eine gute Gastgeberin.

Das ist sie auch! Auch sie braucht kaum Bedenkzeit. Sie überlässt uns nicht nur die Pfarrwiese samt erntereifem Kirschbaum, sondern auch das Gemeindehaus samt Kühlschrankinhalt – ausgenommen zweier Flaschen Sekt, „denn die gehören dem Chor". Arbeit findet sich im großen Pfarrgarten auch.

Als wir fertig sind, meint Barbara Herbig: „Seit ich hier in Olbersdorf bin, war das Gelände noch nie so sauber!" Spontan gibt sie uns dafür noch 20 Euro. Wieder eine win win situation.

Das Gemeindehaus verfügt nicht nur über jede Menge Platz, sondern – zu unserer Freude – auch über eine Tischtennisplatte, einen Billard-Tisch und einen Tisch-Kicker. Zum Abendessen gibt es Bratwurst, Linsen-Gemüseeintopf, selbst gebackenes Baguette und: Bier aus Ostritz. Irgendjemand hatte sich an der Aktion beteiligt, den Teilnehmern des Rechtsrock-Festivals „Schild und Schwert" das Bier wegzukaufen, und anschließend drei Kästen im Keller des Gemeindehauses gelagert. Jetzt ist eine gute Gelegenheit, den Vorrat ein bisschen abzubauen.

Anschließend spielen wir im Garten und nach Einbruch der Dämmerung im Gemeindehaus. Wir haben hier alles, was das Herz begehrt!

Für diejenigen, die in den letzten Nächten etwas gefröstelt haben, gibt es heute Nacht die Möglichkeit, auf Nummer sicher zu gehen und im Jugendraum zu übernachten. Die, die draußen schlafen, frieren aber genauso wenig, denn die Nacht ist trocken und mild.

Donnerstag, 18.7.2019

Im Olbersdorfer Pfarrgarten lassen wir uns das Frühstück mit ofenwarmen Brötchen und Haferbrei schmecken. Hinzu kommen Mangos und Paprika, die „beim Spazierengehen gefunden" wurden. Klingt ganz so, als sei unsere Utopistin „containern" gewesen.

Da gerade die Reinigungskraft im Gemeindehaus ist, brauchen wir nicht einmal sauber machen und können gleich weiterziehen. Unser Ziel ist zunächst der Olbersdorfer See. Dort haben wir endlich eine Gelegenheit zum Baden – die erste und letzte Gelegenheit auf dieser Tour. Wir machen ausgiebig davon Gebrauch. Anschließend gibt's eine „Emo-Runde" („Wie fühlt ihr euch?") und ein paar Gedanken zum Thema Dankbarkeit von Lydia. Die Dankbarkeit ist nach all den erfahrenen Wohltaten groß.

Weiter geht's nach Hörnitz, wo wir mit der Quartiersuche jedoch kein Glück haben. Dann fällt Lydia ein, dass sie im Nachbarort Mittelherwigsdorf jemanden kennt. Doch bis zu ihrem Bekannten kommen wir gar nicht, denn vorher schon klingeln wir einfach mal an einem hübschen Umgebindehaus am Wegesrand. Es ist das Haus von Doris. Sie ist gleich fasziniert und fragt zwar zunächst, wie viel Bedenkzeit sie denn hat, aber sie lässt uns auf jeden Fall schon mal in ihrem Garten verschnaufen. Und nach wenigen Minuten hat sie eine ganze Reihe von Ideen, was wir für sie erledigen können: ein Schrank, eine Bank, eine Sichtschutzwand und ein alter Nähmaschinentisch – alles muss gestrichen werden. Lacke, Farben und Pinsel hat sie in ausreichenden Mengen da. Offenbar hat sie geplant, die Arbeiten irgendwann selbst zu erledigen, nur ist sie nie dazu gekommen.

Mit den Arbeiten sind wir etliche Stunden beschäftigt. In der Zwischenzeit fährt sie einkaufen – und bringt erst einmal ein Eis für jeden mit! Davon sind die Jugendlichen so begeistert, dass Doris auch selbst ganz gerührt ist, wie man sich über ein Eis so freuen kann.

Anschließend fährt sie nochmals los, um zwei Zelte zu holen, die sie verliehen hat – damit wir es wärmer haben. Und dann bietet sie noch an, dass acht von uns im Haus übernachten können. Offenbar gibt es dort reichlich Platz und sogar einige Matratzen. Mir ist es fast schon peinlich, aber die Jugendlichen lassen sich das nicht zweimal sagen – und das, obwohl der Wetterbericht eine milde, trockene Sommernacht vorhersagt.

Zum Abendessen gibt es reichlich Nudeln mit Gemüsepasta, die unter der Leitung von Carl und Lydia in Doris' Küche entstanden ist. Es ist ein richtiges Fest!

Nach dem Essen sitzen wir noch lange bei Kerzenlicht, Melone, Knabberzeug, Saft und Wein auf der Terrasse und gelegentlich stimmt jemand ein Taizé-Lied an. Nach einem dieser Lieder sagt Doris fast sehnsüchtig: „Ach, könnt ihr nicht einfach noch eine Woche bleiben?" Wieder einmal ist es, als brenne der Dornbusch.

Freitag, 19.7.2019

Von Mittelherwigsdorf ist es nicht mehr allzu weit bis Zittau. Daher brechen wir nicht gleich nach dem Frühstück auf, sondern erledigen erst noch ein paar Restarbeiten für unsere Gastgeberin.

Ein Höhepunkt der letzten Etappe ist die Mandau-Querung: Entlang eines Halteseils geht es barfuß durch den Bach.

Zurück am Bahnhof erhalten die Teilnehmenden ihre Handys und Portemonnaies zurück und dann heißt es Abschied nehmen. Wie immer wird es ein sehr herzlicher Abschied.

Nachwirkungen

Zu den Nachwirkungen der Null-Euro-Tour 2019 gehört ein Briefwechsel mit Doris, unserer Gastgeberin in Mittelherwigsdorf. Auf einen Adventsgruß, in dem ich sie auch zum Nachtreffen im Februar eingeladen habe, antwortet sie:

Lieber Johannes,

...Es berührt mich immer wieder tief und ich glaube, dass ich jetzt auch weiß, woher das kommt: was ihr tut, ist zutiefst menschlich! Und obwohl ich (leider) überhaupt keine religiöse Erziehung genossen habe, fühle ich mich immer mehr zum (vielleicht christlichen) Glauben hingezogen und endlich weiß ich auch, warum das so ist. Es entspricht mir so sehr...

Ich finde, dass durch Deine/Eure Arbeit die Menschen, mit denen Du/ihr zu tun habt, zu besseren Menschen werden. Es ist das Beste, was man bewirken kann! Vielen, vielen Dank dafür und danke, dass ich teilhaben durfte daran.

Und nach einem Null-Euro-Tour-Nachtreffen in Pirna schreibt Doris:

Lieber Johannes,

ganz lieben Dank für die schönen, interessanten Stunden, die Ihr uns bereitet habt... Ihr habt das so schön gemacht, es war Wohlfühlzeit und ich danke Euch von Herzen, dass ich dabei sein durfte! Orgelstube, Kirchanekdoten, gemeinsames Singen, Bläsermusik – Einkehrzeit für mich und Frieden, Staunen, Ehrfurcht und große Dankbarkeit! Lieben, lieben Dank und von Herzen alles Gute für Euch!!!!

2021 folgt Doris meiner Einladung zu einem Online-Glaubenskurs, und 2023 lässt sie sich taufen. Im Vorfeld bittet sie mich, ihren Taufspruch auszusuchen, und ich finde Psalm 31,15-16a für sie: „Ich aber, Herr, hoffe auf dich und spreche: Du bist mein Gott! Meine Zeit steht in deinen Händen." Der Spruch passt zu dem, was sie mir zuvor gesagt hat, nämlich, dass Glaube für sie mehr mit Vertrauen als mit dem Fürwahrhalten von Glaubensinhalten zu tun hat. Damit kann ich etwas anfangen – und sie dann auch mit dem Taufspruch; er spricht ihr aus dem Herzen.

Es ist berührend, zu sehen, wie Doris zu diesem Vertrauen in Gott gefunden hat, und wie das seitdem ihr Leben verändert. Wie schön, dass wir als Null-Euro-Tour dazu beitragen konnten!

„Null-Euro-Tour light"
Elbtal zwischen Meißen und Dresden (2020)

2020 ist das Jahr, in dem das Corona-Virus kam. In diesem Jahr ist vieles anders. Auch die Null-Euro-Tour. Wer würde sich in diesen Zeiten schon auf 14 Jugendliche einlassen, die unangemeldet auf der Matte stehen und nach Arbeit, Essen und Unterkunft fragen?

Absagen – oder das Konzept ändern? Das war im Vorfeld also die Frage. Wir entschieden uns für die zweite Option. Denn was sonst hätten die Jugendlichen im Sommer machen sollen? Uns war klar: Wir wollen alles versuchen, um die Null-Euro-Tour irgendwie stattfinden zu lassen.

Es mussten also Hygienekonzepte geschrieben, Abstände eingehalten und vor allem Quartiere im Vorfeld organisiert werden.

An anderen Orten, wo die Null-Euro-Tour durchgeführt wird, ist dies der Normalfall: Hier findet die Quartiersuche im Voraus statt. Doch in Sachsen (und später auch bei der SMD – Schüler- und Studentenmission in Deutschland) hat sich ein anderes Format herausgebildet: die ‚Hardcore'-Variante, wenn man so will. Die Quartiere werden spontan gesucht. Genau wie Essen, Trinken und auch die Arbeit. Das macht die besondere Herausforderung der sächsischen Variante aus – aber auch ihren besonderen Reiz.

Nun also ‚Null-Euro-Tour light', wenn man so will. Obwohl: Leicht war zwar die Quartiersuche – nicht aber die Arbeit. Denn diesmal hatten die Gastgeber Gelegenheit, sich Aufgaben für uns auszudenken, die sich auch lohnen.

Montag, 10.8.2020

Treffpunkt ist der Bahnhof Meißen. Auf dem Weg dorthin ruft mich Pfarrer Philipp Frank, unser erster Gastgeber, an. Er ist sehr besorgt um uns, denn bei ihm in Niederau, einem Dorf nordöstlich von Meißen, hat der Himmel offenbar seine Schleusen geöffnet, und es ergießt sich ein wahrer Sturzregen über das Land. Philipp nimmt an, dass wir unsere Wanderung bereits begonnen oder sogar schon abgebrochen haben, denn bei diesem Regen zu wandern, erscheint ihm völlig ausgeschlossen. Doch ich kann ihn beruhigen: Wir haben noch etwa eine Stunde Schonfrist. Bis dahin hat sich das Wetter hoffentlich etwas beruhigt!

Wie sich herausstellt, haben wir sogar noch mehr Schonfrist, denn der Zug eines Mitarbeiters hat 45 Minuten Verspätung. Zeit, die die Teilnehmenden zu nutzen wissen. Jemand holt eine Frisbee-Scheibe heraus, und kurz darauf schwirrt sie durch den Meißner Bahnhof. Andere machen sich gleich miteinander bekannt. Schon nach wenigen Minuten entsteht auf einer Bank mit drei Mädchen ein Geschnatter, als würden sie sich schon seit Jahren kennen. Es sieht ganz danach aus, als wäre es diesmal eine besonders kontaktfreudige Gruppe – ein Eindruck, der sich bestätigen wird.

Das gilt auch für die Mitarbeitenden, diesmal ausschließlich Theologinnen und Theologen: Carl Ludwig ist Theologiestudent, Juliane Diplom-Theologin und Referentin der Nachhaltigkeits-Initiative „Anders Wachsen" und Walter ist Pfarrer in Dresden-Löbtau. Auch er gehört zu „Anders Wachsen" und ist auf der Suche nach Ideen für nachhaltige Aktionen. Dabei ist er auf die Null-Euro-Tour gestoßen. Jetzt will er sie kennenlernen, um später vielleicht selbst etwas Ähnliches anzubieten.

Eine weitere Besonderheit ist, dass diesmal ein Integrationskind dabei ist: Jessica[5]. Sie interessiert sich für alles, was mit Glaube, Kirche und Geschichte zu tun hat. Ein Mädchen mit geistigen Einschränkungen, aber auch mit großem Potenzial. In ihrer fröhlich-naiven Art bringt sie uns alle immer wieder zum Lachen – und lacht dann selbst gern mit.

Als wir vollzählig sind, setzen wir uns im Bahnhof zusammen, um uns einzustimmen – geistlich und natürlich auch hygienetechnisch. Schließlich müssen wir uns einigermaßen an unser Hygienekonzept halten. Zum Glück gilt die berühmte Abstandsregel – 1,5 Meter Abstand – nicht innerhalb unserer Gruppe. Wir gelten als „Isolationsgemeinschaft" und dürfen wie ein Familien- oder Klassenverband auf den Abstand verzichten. Alles andere wäre auch schwierig geworden.

Dann geht es los Richtung Niederau. Zwar regnet es noch, aber nur leicht. Damit können wir gut leben. Vor allem hat der Regen auch etwas Abkühlung gebracht, was uns nach der Hitze der letzten Tage sehr gelegen kommt.

Die Strecke nach Niederau ist mit acht Kilometern überschaubar, so dass wir schon nach zwei Stunden am Ziel sind. Philipp Frank empfängt uns mit Getränken und Schokoriegeln. Dann rüstet er uns mit Gartengeräten aus und zeigt uns, was zu tun ist: Wir sollen dem Wildwuchs im Pfarrgarten zu Leibe rücken. Nach knapp vier Stunden ist der Garten kaum wiederzuerkennen. Philipp feuert den Grill an, und bald darauf lassen wir uns Bratwurst, Grillkäse, gegrilltes Gemüse und vor allem von einem Kirchvorsteher selbst gebackenes Brot schmecken – köstlich! Anschließend lassen wir den Abend mit Liedern – begleitet von Tims Ukulele – und einer „Emo-Runde" ausklingen. Es geht allen sehr gut. Auch Philipp.

---

[5] Name geändert.

Er sagt, wir seien wie gerufen gekommen, denn er hätte es allein nie geschafft, den Wildwuchs im Pfarrgarten so zu bändigen, wie wir es jetzt gemeinsam hinbekommen hätten.

Dienstag, 11.8.2020

Die Nacht haben wir im Pfarrgarten unter den Tarps verbracht. Nach dem leckeren Frühstück gehen wir zum geistlichen Start in den Tag in die Kirche. Philipp sagt etwas zu dem riesigen Wandgemälde des Künstlers Werner Juza, das die Kirche dominiert. Der erste Eindruck ist allein aufgrund der Größe überwältigend, fast erschlagend. Wenn man sich auf das Gemälde einlässt, entdeckt man eine ganze Reihe interessanter Details, und am Ende sind wir wohl alle beeindruckt.

Nachdem Philipp uns den Reisesegen zugesprochen hat, machen wir uns auf den Weg nach Moritzburg. Das Thermometer klettert schnell auf Werte um die 30°C. Zum Glück führt der Weg großenteils durch schattigen Kiefernwald! Trotzdem hängen vor allem Daniel und Michael[6] ab Mittag ganz schön durch und lassen sich immer wieder zurückfallen.

---

[6] Namen geändert.

An der Evangelischen Hochschule Moritzburg werden wir von Friedemann Beyer, dem Ältesten der Diakonengemeinschaft, empfangen. Er erwartet uns mit selbstgebackenem Kuchen – und mit einer großen Aufgabe: Wir sollen das überwucherte Volleyballfeld der Hochschule wieder auf Vordermann bringen. Also nicht nur das Unkraut aus dem verdichteten Schotter hacken, sondern das Feld erst einmal neu abstecken. Der gelernte Zimmermann Friedemann zeigt uns, wie man überprüft, ob das abgesteckte Feld auch rechtwinklig ist. Und dann haben wir bis zum Abend gut zu tun. Es ist eine elende Schinderei, doch am Ende sind wir froh, dass wir nicht aufgegeben haben.

Wegen des angekündigten Perseiden-Regens verzichten wir in dieser Nacht auf die Tarps und legen uns unter freiem Himmel schlafen. Und tatsächlich sehen wir einige Sternschnuppen!

Mittwoch, 12.8.2020

Nach dem Frühstück verbringen wir erst noch etwas Zeit mit Spielen wie „Äffchen - Äffchen - Elefant". Anschließend gehen wir in die schöne, moderne Kapelle, wo Walter die Morgenandacht hält.

Nach dem herzlichen Abschied von Friedemann, der für die geleistete Arbeit sehr dankbar ist, laufen wir zum Kollwitzhaus in der Stadt. Dort werden wir von der Museumsleiterin Sabine Hänisch empfangen. Sie schenkt uns nicht nur den Eintritt, sondern auch eine sehr lebendige Einführung in das Leben und Schaffen von Käthe Kollwitz, der bedeutendsten deutschen Grafikerin und Bildhauerin.

Vom Kollwitzhaus ist der Weg nicht mehr weit zum Hochseilgarten am Mittelteichbad. Jan Tappert, der Geschäftsführer, empfängt uns und erobert mit seiner lockeren, humorvollen Art die Herzen aller im Sturm. Erst recht, als er uns erklärt, was er mit uns vorhat: Wir sollen den Zaun des Hochseilgartens erneuern. Jan zeigt uns, wie es geht, versorgt uns mit Material und Werkzeug, um sich dann wieder den Besuchern des Kletterparks zu widmen. Die Jugendlichen gehen mit Begeisterung ans Werk. Zunächst muss der alte Lattenzaun abgerissen werden – eine Aufgabe, der sich vor allem die Jungen mit Hingabe widmen. Dann werden Bodenhülsen mit dem Vorschlaghammer in den Boden getrieben. Besonders einige Mädchen entwickeln dabei wahre Bärenkräfte und großes Geschick. Dann werden Pfosten und große Bonanza-Zaunbohlen montiert und gestrichen, und fertig ist der Rancher-Zaun.

Da ist es dann allerdings schon halb neun. Die Zeit ist wie im Flug vergangen, und auch das Hungergefühl meldet sich erst, als wir jetzt vor der Frage stehen: gleich essen – oder erst noch ein bisschen klettern? Wenn wir klettern wollen, muss das noch vor dem Essen geschehen, denn danach wird es zum Klettern zu dunkel sein. Wir stimmen ab. Und obwohl wir heute – wie auch an den übrigen Tagen – kein Mittagessen hatten, entscheidet sich die große Mehrheit fürs Klettern. Klar, wenn man schon mal im Hochseilgarten ist, muss man das auch nutzen. Das Klettern im schwindenden Licht ist nicht ohne, doch gerade das macht es noch aufregender.

Erst um 22.00 Uhr kommen wir zum Essen. Am Grill haben Daniel und Michael gestanden, die anfangs so wirkten, als müssten sie ihren Platz erst noch finden. Doch heute sind sie wie ausgewechselt. Beim Zaunabreißen waren sie kaum zu stoppen. Anschließend halfen sie Jessica und mir stundenlang, eine verstopfte Abflussrinne freizukratzen. Dabei erwies sich unser Integrationskind Jessica als Türöffner. In ihrer unbekümmert-naiven Art redete sie von ihren Schmetterlingsgefühlen. Und das war das Stichwort für Michael: Überraschend offen erzählte er davon, wie verliebt er selbst gerade ist. Als ich nachfragte, was er denn an seiner Freundin so mag, fand er schöne Worte: Sie sei so natürlich und frei. Was für ein Vertrauen, so etwas zu offenbaren! Und was für eine wertvolle Gelegenheit für die Jungen, mit anderen über dieses heikle Thema zu reden – und dabei wirklich ernst genommen zu werden!

Die Nacht verbringen einige im Luxus-Tipi mit Bretterboden und komfortablen Matratzen, andere im Baumhaus, die meisten aber wegen der erneut zu erwartenden Perseiden unter freiem Himmel. Und tatsächlich sind wieder etliche Sternschnuppen zu sehen – zumindest für diejenigen, die nicht sofort in den wohlverdienten Schlaf fallen.

Donnerstag, 13.8.2020

Heute Mittag sind wir mit Kathleen Kuhfuß, MdL (Bündnis 90/Die Grünen) verabredet. Sie hat sich in Sachsen dafür eingesetzt, dass in diesem Sommer trotz Corona Maßnahmen der Jugenderholung möglich sind. Jetzt ist sie im Rahmen einer Art Sommertour unterwegs, um sich mit Freizeitgruppen zu treffen, die davon profitieren. Das Treffen soll am Dippelsdorfer Teich südlich von Moritzburg stattfinden. Da sich Kathleen verspätet, haben wir überraschend eine halbe Stunde freie Zeit, die mit Baden oder Singen gefüllt wird.

Als Kathleen eintrifft, lässt sie sich von den Jugendlichen erzählen, wie sie die Null-Euro-Tour so erleben. Sie staunt wohl auch ein bisschen über die Leidenschaft, mit der die Jugendlichen bei der Sache sind. Natürlich ist das Treffen mit uns auch PR für sie, aber es ist ihr schon deutlich anzumerken, dass ihr die Jugendlichen am Herzen liegen. Schließlich kommt sie ja selbst aus der Jugendarbeit. Es ist eine kurze, aber intensive Begegnung.

Inzwischen ist das Thermometer wieder deutlich über 30°C geklettert – ein weiterer Hitzetag! Zum Glück führt ein Großteil des Weges ab jetzt durch den schattigen Lößnitzgrund – genau das richtige Terrain für die Temperaturen heute! Die Radebeulerinnen Emma und Laureen führen uns sicher nach Radebeul – zum Teil auch über Schleichwege. Der „Lößnitzdackel", die Schmalspurbahn, schnauft gelegentlich vorbei. Wir bekommen viel geboten.

Nachmittags erreichen wir die große Radebeuler Lutherkirche. Hausmeister Matthias erwartet uns mit Eis, Obst und kalten Getränken. Die Pause kommt genau zur richtigen Zeit, denn zwei Mädchen sind nach dem langen Weg, der zum Schluss wieder durch die pralle Sonne führte, völlig erschöpft.

Anschließend führt Matthias uns durch das Gelände und zeigt uns, was zu tun ist. Dabei kommen wir auch am Zaun des Pfarrhauses vorbei, der sich gerade im Bau befindet. Der halb fertige Zaun springt denen, die gestern den Zaun des Hochseilgartens gebaut haben, natürlich sofort ins Auge. Sie wollen am liebsten gleich den nächsten Zaun bauen. Matthias gibt grünes Licht, und so macht sich Walter mit zwei Mädchen ans Werk. Die anderen pflegen das große Gelände rings um die Kirche.

Währenddessen macht sich das Küchenteam um Carl Ludwig und Ellen an die Zubereitung des Abendessens. Sie bedauern es ein wenig, dass sie in der fast nagelneuen und hervorragend ausgestatteten Küche nicht wirklich kreativ werden können, da jemand für uns schon Fertigessen – Piccolini und Teigtaschen – eingekauft hat. Offenbar hat man nicht damit gerechnet, dass die Null-Euro-Tour über ein eigenes versiertes Küchenteam verfügt. Doch vor allem für die Jungen sind die Piccolini genau das Richtige, und am

Ende sind die riesigen Mengen, die man für uns bereitgestellt hat, tatsächlich mit großem Appetit verputzt.

Nach dem Essen machen wir Feuer in der Feuerschale, singen und spielen. Viel Spaß macht ein Spiel, bei dem es scheinbar darum geht, zu erschnüffeln, auf welchem von drei Stühlen jemand gesessen hat. Es dauert eine gefühlte Ewigkeit, bis wir verstehen, dass das ein abgekartetes Spiel ist!

Die Nacht verbringen wir im Pfarrgarten unter freiem Himmel. Als irgendwann ein paar Tropfen vom Himmel fallen, ziehen einige von uns ins Gemeindehaus um. Andere rutschen einfach unter den nächsten Baum und bleiben so ebenfalls trocken.

Freitag, 14.8.2020

Nach dem Frühstück im Pfarrgarten halten wir eine Morgenandacht in der Kirche. Beim Verlassen der Kirche bleibt Jessica noch kurz zurück, um ein stilles Gebet vor dem Altar zu sprechen. Es ist ein berührendes Bild: Dieses Mädchen, das voriges Jahr zum ersten Mal überhaupt eine Kirche betreten hat und das in seiner Familie schon aneckt, wenn sie vor dem Essen betet, steht dort ganz ins Gebet versunken vor dem Altar.

Pfarrer Heinze spendet uns noch den Reisesegen – und bedankt sich bei der Gelegenheit sehr herzlich für unsere Arbeit. Dann geht es an die Elbe, über die Autobahnbrücke auf die andere Elbseite und dort weiter auf dem Elberadweg nach Dresden-Cotta. Bevor wir die Elbe verlassen, machen wir mittags eine längere Pause am Ufer und springen vom Bootsanleger aus in das herrlich frische Wasser.

Das letzte Teilstück nach Dresden-Löbtau ist aufgrund des lärmenden Stadtverkehrs etwas nervig, doch wir lassen uns die

Laune nicht verderben, singen viel und finden auch noch einmal Zeit für gute Gespräche.

Gegen 14.00 Uhr erreichen wir die Kirchgemeinde „Frieden und Hoffnung", unser Ziel. Hier verbringen wir erst einmal zwei Stunden im schönen Pfarrgarten, trinken Saft und essen Weihnachtsgebäck, das ein Gemeindeglied in der Adventszeit gespendet hat. Die lange Pause tut gut. Es wird gesungen, gespielt und herumgealbert.

Dann kommt Anne zu uns, die den „Kirchengarten", einen Bio-Gemüsegarten, betreut. Sie rüstet uns mit Werkzeug aus, um im Garten zu gießen, Unkraut zu jäten und vor allem zu ernten; denn das Abendessen bereiten wir fast ausschließlich aus dem zu, was wir hier vorfinden. So findet das angebaute Gemüse eine passende Verwendung, und wir erleben, dass sich aus dem, was man selbst anbauen kann, eine wohlschmeckende Mahlzeit zaubern lässt. Es gibt Ofenkartoffeln, Gemüsepfanne, Tomatensoße und Rote-Bete-Salat – lecker!

Der Abend vergeht mit Spielen, Rätseln und Tanzen. Bei der abschließenden Austauschrunde in der Kirche ist der Tenor: Wir sind alle etwas k.o., aber glücklich – und auch schon etwas traurig, dass die Tour morgen zu Ende ist.

Geschlafen wird in der Kirche, denn es hat am Abend kräftig gewittert, und weiterer Regen ist zu erwarten.

Samstag, 15.8.2020

Nach dem „Kirchenschlaf", der ja der gesündeste Schlaf sein soll, und dem Frühstück lesen wir den Text von den fünf Barmherzigkeiten (Matthäus 25,31-46), ein Thema, auf das wir durch das Wandbild in der Niederauer Kirche gestoßen sind. Als wir anschließend unsere Rüstzeit-Hymne „Laudato si" singen, fangen einige Mädchen spontan zu tanzen an. Andere folgen, bis am Ende fast alle auf den Beinen sind und tanzen, klatschen und singen. Heilige Begeisterung!

Unsere Arbeit heute ist überschaubar: Wir müssen nur noch aufräumen und Küche und Toiletten putzen.

Die letzten knapp vier Kilometer zum Hauptbahnhof vergehen wie im Flug. Es wird viel gequatscht und gesungen. Anni spielt fast ununterbrochen auf der Ukulele.

Kurz vor eins erreichen wir den Hauptbahnhof. Der Abschied ist herzlich – Corona hin oder her. Aber wir gelten ja ohnehin als „Isolationsgemeinschaft". Wie immer werden die zurückerhaltenen Handys gleich dazu genutzt, die Nummern auszutauschen.

In der S-Bahn nach Pirna sitze ich neben Jessica. Für sie war die Woche eine große Horizonterweiterung. Entschieden erklärt sie: „Das war echt die beste Woche meines Lebens!"

Fazit: Auch wenn die Null-Euro-Tour 2020 einen anderen Charakter hatte als sonst, war es doch eine echte Null-Euro-Tour –

und eine wunderbare Erfahrung göttlichen Segens. Wir sind dankbar, dass das trotz Corona möglich war!

Nachwirkungen

Die Null-Euro-Tour 2020 hat Nachwirkungen: Nachdem wir im Hochseilgarten Moritzburg den Zaun erneuert hatten, sprach der Geschäftsführer davon, dass es noch weitere, auch größere Aufgaben zu erledigen gäbe. Wenn wir wollten, könnten wir zum Beispiel den Zaun rings um das Tipi-Camp erneuern. Dafür bräuchte es allerdings einen längeren Aufenthalt. So kam es im August 2021 tatsächlich zu einem einwöchigen Kletter- und Work-Camp im Hochseilgarten. Eine Freizeit, dessen Teilnehmerbeitrag übrigens ebenfalls null Euro betrug. Am Ende stand der selbst gestaltete Zaun – und das war nur das sichtbare Ergebnis einer wunderbaren Woche.

Eine weitere Folge der Tour ist, dass Jessica von da an am Konfirmandenunterricht teilnahm. Während der Tour hörte sie von dieser Möglichkeit – und meldete sich daraufhin an. Am Ende der Konfirmandenzeit wurde sie getauft, und inzwischen arbeitet sie ehrenamtlich in der Kirchgemeinde mit.

„Ohne Handy ist es eigentlich viel schöner.“ Wolkensteiner Schweiz (2021)

Auch das Jahr 2021 steht noch im Zeichen von Corona. Auf die erste Welle im Frühjahr 2020 folgten weitere Wellen. Und obwohl im Sommer 2021 schon ein großer Teil der Erwachsenen geimpft ist, hat die überwiegende Mehrheit der Jugendlichen dazu noch keine Chance bekommen. Also wird die Null-Euro-Tour 2021 wieder eine Null-Euro-Tour light. Nach den guten Erfahrungen im vorigen Jahr erscheint das aber nicht als ein Manko. Es ist eben, wie es ist, und wir machen das Beste draus.

Wir, das sind in diesem Jahr außer mir die Studierenden Carl Ludwig und Anni. Für Carl Ludwig ist es die dritte Tour, für Anni bereits die fünfte! Ihre erste Tour im Jahr 2016 markiert einen Wendepunkt in ihrem Leben, wie sie dieses Jahr erzählt. Deshalb ist sie glücklich, dass ich sie für dieses Jahr als Mitarbeiterin angefragt habe.

Hinzu kommen neun Teilnehmende. Wie immer sind es mehr Mädchen als Jungen, doch durch das umgekehrte Verhältnis im Team ist die Mischung insgesamt ausgeglichen.

Montag, 16.8.2021

Treffpunkt der Tour ist der Bahnhof Annaberg-Buchholz Süd. Von dort brechen wir Richtung Süden auf. Unser Ziel ist das ehemalige Schullandheim Jöhstadt, das sich seit diesem Frühjahr im Besitz von Familie Vogtländer befindet.

Eigentlich ist das keine weite Strecke. Doch es geht bergauf, und für manche Jugendlichen ist das Wandern mit schwerem Gepäck ungewohnt. So brauchen wir statt der von mir prognostizierten zweieinhalb Stunden mehr als vier Stunden! Am Ende ist es kurz vor sechs, als wir endlich am Schullandheim ankommen. Yvonne Vogtländer heißt uns herzlich willkommen – mit Kaffee, selbstgebackenem Kuchen und Obst. Das tut gut!

Nach der Kaffeepause gehen wir frisch ans Werk: Wir übernehmen Pflege- und Malerarbeiten rings um das Heim. Das Gelände ist offenbar lange nicht gründlich gepflegt worden. Arbeit gibt es also genug. Wir schaffen gerade einmal die Hälfte, beschließen aber, am nächsten Tag den Rest zu machen, da wir dann deutlich mehr Zeit haben werden.

Yvonne erzählt uns von ihren Plänen: Mit ihrem Mann will sie aus dem Schullandheim ein „Haus für Gott" machen, also ein christliches Freizeitheim für Gruppen mit geringen Ansprüchen, die kein Problem mit Sammelduschen und -WCs haben. Thomas und

Yvonne sind so richtige gastfreundliche Erzgebirger mit großen Herzen. Wir fühlen uns hier ausgesprochen willkommen.

Beim abendlichen Austausch zeigt sich, dass viele von uns ganz schön geschafft sind. Hinzu kommt, dass sich ein oder zwei Teilnehmende offenbar auch sonst nicht ganz wohl fühlen. Veit[7] weiß noch nicht so richtig, was er von der ganzen Sache halten soll. Seine Mutter hat ihn angemeldet, und erst jetzt scheint ihm klarzuwerden, dass er mit seinen 14 Jahren jünger ist als alle anderen. Inzwischen fragt er sich auch, was er hier eigentlich soll – auf einer Tour mit schwerem Rucksack, viel Arbeit und vermutlich wenig Essen. Gott sei Dank kümmert sich Hans Konrad, ein anderer Teilnehmer, gut um ihn. Die beiden haben zusammen die Fußballtore gestrichen und hatten dabei sichtlich Spaß.

Die Nacht verbringen wir in richtigen Betten – klar, in einem ehemaligen Schullandheim gibt es so etwas. In der Geschichte der sächsischen Null-Euro-Tour ist dies jedoch eine Premiere!

Dienstag, 17.8.2021

Wie geplant, erledigen wir nach dem Frühstück die Restarbeiten. Yvonne ist beeindruckt davon, dass doch noch alles fertig wird, was sie sich so vorgestellt hatte. Sie fragt, ob wir nicht Lust hätten, im nächsten Jahr mal für einen mehrtägigen Arbeitseinsatz zu kommen. Auch wenn wir das in diesem Fall nicht leisten können, freut es mich natürlich; denn es zeigt, dass wir offenbar eine willkommene Hilfe sind, und so soll es ja auch sein. Yvonne spendet uns noch den Reisesegen und findet dafür sehr persönliche Worte. Man merkt, dass sie so etwas nicht zum ersten Mal macht.

---

[7] Name geändert.

Der Weg nach Mildenau ist angenehm. Das Wetter ist kühl und windig, aber die Stimmung ist gut.

In Mildenau werden wir von Friedhofsmeister Teichert in der schönen Pfarrscheune empfangen, wo Getränke und Müsliriegel für uns bereitstehen. Nachdem wir uns kurz gestärkt haben, gehen wir an die Arbeit. Davon gibt es auch hier wieder reichlich: Unkraut jäten, Brennholz stapeln, und zwar sowohl hier in Mildenau als auch im Nachbarort Streckewalde, und Gartenarbeit bei einer Familie mit Zwillingen. Jeweils drei von uns übernehmen eine dieser Arbeiten. Besonders gut haben es die letzten beiden Gruppen, die außerhalb arbeiten: Sie bekommen dort erst einmal Kuchen bzw. frische Waffeln und werden sogar mit kleinen Geschenken aus eigener Produktion bedacht.

Friedhofsmeister Teichert kommt fürs erste eher sachlich und fast ein bisschen distanziert rüber: Obwohl wir es heute gerade noch geschafft haben, Mildenau innerhalb des angegebenen Zeitfensters – zwischen 14.00 und 15.00 Uhr – zu erreichen, schaut er kritisch auf die Uhr und meint: „Na, da seid ihr ja fast pünktlich." Nachdem er die Arbeiten erklärt hat, ist er zunächst mit eigenen Arbeiten beschäftigt. Nach einer ganzen Weile überprüft er, ob alles seinen Gang geht. Sein knappes Urteil lautet: „Gut!" Und schon ist er wieder weg.

Im Laufe des Nachmittags taut er dann immer weiter auf. Am Ende erzählt er uns lachend Schoten aus der Geschichte der Mildenauer Kirche, z.B. von einem Festakt mit Stanislav Tillich, der sich bei einem offiziellen Besuch zwischen die Mildenauer in der ersten Bankreihe quetschen musste, weil diese gar nicht einsahen, ihre Stammplätze für den sächsischen Ministerpräsidenten zu räumen. Jörg Teichert ist mit unserer Arbeit sehr zufrieden und zeigt sich schließlich auch interessiert am Konzept der Null-Euro-Tour.

Zu Abend essen wir mit der Mildenauer Jugendgruppe, die sich zufällig dienstags in der schönen und frisch renovierten Offenen Pfarrscheune trifft. Nachdem es gestern in Jöhstadt Penne gab, sind heute Spaghetti dran. Nudeln gehen immer. Vor allem, wenn sowohl Masse als auch Klasse stimmen. Beides ist hier definitiv der Fall. Nach dem Essen spielen wir mit den Mildenauern „Werwolf". Auch das geht bei Jugendlichen gerade immer.

Mittwoch, 18.8.2021

Nach dem reichhaltigen Frühstück mit den versprochenen frischen Brötchen bekommen wir Besuch von Thomas Barth, einem Journalisten, der uns für die Kirchenzeitung „Der Sonntag" heute nach Wolkenstein begleitet. Er stellt sich kurz vor – und fängt gleich an, ein Foto nach dem anderen zu schießen. Daran müssen wir uns erst gewöhnen, doch Herr Barth ist schon bald voll integriert. Er ist offensichtlich an der Tour interessiert, stellt viele Fragen und bekommt auch viele Antworten. Gefühlt schreibt er ein ganzes Notizbuch damit voll. Am Ende wird daraus ein ganzseitiger Artikel, der die Erlebnisse der dritten Etappe gut widerspiegelt: [8]

Mit Gottvertrauen durchs Erzgebirge
Die Null-Euro-Tour der Evangelischen Jugend in Sachsen führte an fünf Tagen von Annaberg nach Zschopau

Die Glocke schlägt zehn Uhr. Annika steht auf dem Pfarrhof von Mildenau im Erzgebirge und zerknüllt einen Fünf-Euro-Schein. Neun Jugendliche um sie herum trauen ihren Augen kaum, denn fünf Euro sind für sie viel Geld. Annika wirft den Schein auf den Boden und trampelt auf ihm herum, bis er vollends ramponiert ist. Dann zeigt sie ihn in die Runde. Neugierig richten sich alle Augen

---

[8] Der Artikel erschien am 29.8.2021 in der sächsischen Kirchenzeitung „Der SONNTAG".

*auf die Banknote. Ist der Schein noch heil? Kann man damit noch
bezahlen? Die Neunzehnjährige hat für den Tagesimpuls ein dras-
tisches Bild gewählt. Sie ist Mitarbeiterin auf einer ganz besonderen Jugendfreizeit, die fünf Tage mitten durchs Erzgebirge führt.
Wir sind auf Null-Euro-Tour in der Wolkensteiner Schweiz. Neun
Jugendliche und drei Betreuer gehen ohne Geld von Ort zu Ort
und vertrauen auf das, was sie dort bekommen. Mit ihrer verblüf-
fenden Aktion regt Annika dazu an, beim Laufen über das Wort
„Wert" nachzudenken. „Der Wert des Fünf-Euro-Scheins bleibt
erhalten, auch wenn er zerknüllt ist", spricht sie die Teenager an.
„Genauso ist es mit euch. Gott liebt euch, ihr seid wertvoll, ganz
egal, was passiert". Dieser Gedanke begleitet den Pulk auf den
Tagesmarsch. Zwölf Kilometer über Stock und Stein sind es von
Mildenau bis Wolkenstein. Preis der Jugendfreizeit: Null Euro.*

*Aber halt mal: Was heißt eigentlich Null-Euro-Tour? Kostet die
Freizeit wirklich kein Geld? Wovon wird die Verpflegung bezahlt?
Und wo bekommt man ohne zu bezahlen Unterkünfte? Ehe man
tiefer darüber nachdenken kann, schickt Annikas Segen uns los in
den Tag. In den schweren Rucksäcken sind die Schlafsäcke tief
verstaut, Isomatten sind darauf festgeschnallt... Der Tross setzt
sich in Bewegung und zieht bei frischem Wetter frohgemut an der
Mildenauer Kirche vorbei hinaus ins Grüne.*

*Nach einem Kilometer wird es wärmer, die ersten Jacken werden
ausgezogen. Zeit, um zu erfragen, was es mit dieser Tour auf sich
hat, denn immerhin läuft sie schon den dritten Tag. Freimütig gibt
Hans Konrad Rummel Auskunft. Er ist zum ersten Mal dabei. „Die
Null-Euro-Tour kostet tatsächlich keinen Cent. Wir sind ohne
Geld unterwegs und verzichten aufs Handy. Morgens gehen wir
los und schauen, wo wir abends ankommen. Wir haben keine Lebensmittel dabei. Unsere Verpflegung und die Unterkunft verdienen wir durch Arbeit in den Orten, in denen wir ankommen", be-*

richtet er. Hans Konrad erfuhr durch seine Geschwister von der ungewöhnlichen Tour: „Sie haben mir erzählt, dass das ein ganz besonderes Erlebnis ist. Da wollte ich auch mit. Der Nervenkitzel, die Spannung und die Natur haben mich gereizt", sprudelt es aus ihm heraus. „Ich wollte mal eine Auszeit, vor allem auch von den Medien", sagt der junge Mann selbstbewusst. Und der Verzicht - aufs Handy, auf Geld, auf die Gewissheit, wo man abends ankommt? „Das macht mir nichts aus. Stattdessen hat man gemeinsame Erlebnisse, die Gespräche sind intensiver. Ich vertraue darauf, dass es jeden Tag etwas gibt. Letzte Nacht habe ich draußen geschlafen. Eine Uhr habe ich nicht dabei, sondern bin im Morgengrauen mit dem Geläut der Kirche wach geworden", beschreibt er seine Erlebnisse. „Das ist auf keiner normalen Rüstzeit zu bekommen". Da stecke er die leichten Schmerzen im Fuß vom Vortag schon mal weg.

Mittagspause an der Zschopau, Essenszeit. Auf dem Tisch landen Kekse, Müsliriegel und Brötchen vom Frühstück. Alles geschenkt und selbst verdient durch Arbeit, die nach den Wanderungen bei den Gastgebern erledigt wird. Holz wurde umgeschichtet, auf dem Friedhof gearbeitet, Dreckecken beräumt – körperliche Arbeiten, bei denen man sofort ein Ergebnis sieht. Der Proviant reicht für alle, die Stimmung ist gut, das Gemeinschaftsgefühl jetzt, zur Mitte der Strecke, mit Händen greifbar. Hans Konrads Schmerzen kommen zur Sprache, jemand fragt: „Wollen wir Füße tauschen?" Schon so ein einfacher Satz ermuntert zum Weitergehen. Die jungen Erwachsenen erzählen von sich und ihren Eindrücken, blicken immer wieder auch auf vergangene Null-Euro-Touren zurück, die zum Beispiel im Vogtland, in der Sächsischen Schweiz oder im Elbtal stattfanden. Die Null-Euro-Tour scheint schon so etwas wie eine Legende zu sein. In den Geschichten schwingt fast ein wenig Bedauern darüber mit, dass Corona dieses Jahr nur eine entschärfte Variante zulässt. Leiter Johannes Bartels führte die Tour seit 2015 schon insgesamt sieben Mal durch. „Als Jugendevangelist koordiniere ich sonst eher Projekte und schule kirchliche Mitarbeiter. Aber als ich von der Idee hörte, wusste ich sofort, dass das mein Ding ist. Auch privat habe ich Spaß an kleinen Abenteuern und Low-Budget-Aktionen, da dachte ich mir, dass es auch für Jugendliche gut ist, mal wirklich auf Gott zu vertrauen. Normalerweise gehen wir tatsächlich ohne Anmeldung los und fragen spontan nach Essen und Übernachtung. Nur durch Corona melden wir uns jetzt vorher an, da ist der Abenteuercharakter nicht ganz so stark". Doch plane er außer den Übernachtungsorten fast nichts. „Auch um Frühstück kümmere ich mich nicht", das brachte uns heute Morgen der Friedhofsmeister, freut er sich.

Den Jungen und Mädchen scheint das Konzept zu gefallen. „Es wäre cool, wenn wir mal alle zusammen draußen übernachten würden" sagt jemand. Einige blicken skeptisch, aber hat man einmal das Abenteuer einer Freiluftübernachtung erlebt, prägt es sich ein. Letztlich lässt sich fast jeder vom gemeinschaftlichen Feuer anstecken. Angst? Kann gemeinsam überwunden werden. Hunger? Hat hier niemand, stattdessen wird geteilt. Der Muskelkater vom ersten Tag? Längst vergessen. Dafür herrscht Vorfreude auf das Ende der Etappe. Wo werden wir ankommen? Wer wird uns empfangen? Was gibt es zu essen? Wie werden wir schlafen? Wird es eine Dusche geben? Nichts davon weiß man jetzt schon. Eine Dusche gibt es mittags gratis, als leichter Sprühregen einsetzt, die Jacken werden wieder angezogen. Was sonst beeinträchtigend ist, wird ins Positive gewendet: „Da kuscheln wir uns eben enger aneinander. Wenn es jetzt heiß wäre, wäre das eine gute Abkühlung" ist in der Gruppe zu hören.

Das Bergfest bietet auch Zeit für eine kleine Rückschau. Jeder bekommt die Gelegenheit zu reden, der Tagesimpuls wird wieder aufgenommen. „Warum seid ihr hier? Was hat sich für euch verändert?", fragt Teamerin Annika in die Runde. Kristina und Maxi sind als Freundinnen mitgekommen. Sie erholen sich vom Abiturstress und genießen es, einmal nicht erreichbar zu sein. Entzugserscheinungen vom Handy haben sie nicht. Sie finden es sehr entspannend, einmal nicht nach dem Smartphone greifen und irgendwas auf Instagram anschauen zu müssen. Hier braucht man fast nichts, nur die Mitwanderer. Ein halber Apfel fällt herunter, da entfährt es Nathalie: „Oh je, den kann ich jetzt wegschmeißen". Doch auf der Null-Euro-Tour wird nichts verschwendet. Mit etwas Wasser ist der Apfel schnell wieder sauber. Man weiß ja nie, wann man wieder etwas zu essen bekommt. So steigt auch die Wertschätzung für die Lebensmittel.

Weiter geht es in Richtung Wolkenstein, zwei Stunden sind noch zu laufen. Zaghaft lugt die Sonne hinter den Wolken hervor. Der naturnahe Weg wirkt beruhigend, an den Wiesen begrüßen neugierige Pferde die Wanderer. Kurz vor dem Ziel führt ein steiler Pfad nach Wolkenstein hinauf, die Burg trägt ihren Namen nicht von ungefähr.

In der Alten Pfarre erwartet Pfarrerin Regina Regel die Gruppe. Sie ist begeistert von der Idee und hat mit der Kantorin eine reichhaltige Vesper organisiert. Auf einer Führung zeigt sie gern ihre Bartholomäus-Kirche. Ein paar Tränen der Erschöpfung fließen bei einem Mädchen. Nicht viel später geht es wieder an die Arbeit. Die Null-Euro-Fans schwärmen aus. Sie verrichten ihr Tagwerk fleißig und ohne Murren. Die Pfarrerin ist froh, dass Maxi den Rasen mäht. Kristina verpasst dem Zaun auf dem Friedhof einen neuen Anstrich, an einer Steinmauer entfernen Hans Konrad und Emma hartnäckigen Efeu. Ohne Murren wendet sich jeder seiner Aufgabe zu.

Zur Belohnung wird die örtliche Junge Gemeinde abends grillen, es wird viele neue Begegnungen mit Menschen geben, die die Jugendlichen noch nie vorher gesehen haben. Die Null-Euro-Tour bietet von allem genug, auch wenn man nichts bezahlt. Sie öffnet die Herzen, vor allem aber stiftet sie berührende Gemeinschaft. Manche Dinge sind eben nicht für Geld zu bekommen.

Thomas Barth

In dem Artikel klingt es schon an: Auch an diesem Abend kommt es zu einer für uns überraschenden Begegnung mit der hiesigen Jugendgruppe. Heute gibt es die Nudeln in Salatform. Vor allem aber wird heute gegrillt. Die beiden Jungen, die da am XXL-Grill stehen, machen das ganz offensichtlich nicht zum ersten Mal; jedenfalls schmeckt es köstlich!

Auch die Wolkensteiner haben nach dem Essen noch Zeit für einen Spieleabend. Und auch in Wolkenstein ist „Werwolf" gerade angesagt. Es gibt sogar eine eigene Version mit selbst gestalteten Spielkarten!

Donnerstag, 19.8.2021

Die Nacht verbringen wir zum Teil im Freien, zum Teil in den frisch renovierten, geschmackvollen Räumen des Gemeindehauses. Morgens kommt außer Pfarrerin Regel noch eine zweite Frühstücksfee ins Haus und bringt Zutaten für ein köstliches Morgenmahl. Damit haben sich hier in Wolkenstein insgesamt neun Personen um unser leibliches Wohl gekümmert – was für eine Gastfreundschaft!

Während wir mit Pfarrerin Regel auf die letzten Schlafmützen warten, erzählt sie uns in bemerkenswerter Offenheit von dem schwierigen Weg, der sie letztlich nach Wolkenstein geführt hat.

Sie frühstückt mit uns und zeigt uns anschließend den Glockenturm. Auch das ist bemerkenswert, denn den tollen Ausblick vom Turm bekommen nur die wenigsten zu sehen. Kein Wunder: Es ist dort oben so eng, dass immer nur drei Personen gleichzeitig in die kleine Turmlaterne passen.

Zurück in der Kirche hält uns Carl Ludwig eine Andacht mit einem Kapitel aus „Hallo Mister Gott, hier spricht Anna". Frau Regel spendet uns einen sehr persönlichen Reisesegen und begleitet uns noch das erste Stück des Weges, um uns den richtigen Abzweig nach Großolbersdorf zu zeigen.

Bald erreichen wir die „Wolkensteiner Schweiz". Im Vergleich zur Sächsischen Schweiz und erst recht natürlich im Vergleich zu dem Alpenland Schweiz ist die Wolkensteiner Schweiz winzig. Was ihr den Namen verschafft hat, sind die bizarren Felsformationen, die es hier gibt. Am auffälligsten ist die „Brückenklippe", die über einem Steilhang spektakulär in den Himmel ragt. Sie ist gehört zu den beliebtesten Fotomotiven der Gegend – wenn sich auch nicht jeder auf den Felsvorsprung traut. Doch die unerschrockenen Null-Euro-Touris sind sofort dabei, als es auf die schief aufragende Felsplatte geht. Die Stimmung ist ausgelassen. Ein Tourist, der gerade vorbeikommt, macht ein Gruppenfoto von uns auf dem Felsen. Wir fühlen: Gemeinsam sind wir stark.

Während der Mittagspause im Wald geht es um die Frage: Was schätze ich an mir selbst und an den anderen? Jeder soll etwas zu sich selbst und – stellvertretend – zu seinem Nachbarn sagen. Es werden wunderschöne Komplimente ausgesprochen, die in vielen Fällen ganz offensichtlich von Herzen kommen. Auch die Gelegenheit, ein gesundes Selbstwertgefühl zum Ausdruck zu bringen, wird genutzt.

Ich muss daran denken, wie mir eine derjenigen, die schon öfter dabei waren, bei einer früheren Tour von Selbstzweifeln und Autoaggressionen erzählte. Ihre Unterarme waren damals von frischen Narben übersät. Jetzt ist es so offensichtlich, dass sie ein positives Selbstverhältnis hat. Später erzählt sie mir, dass ihre erste Null-Euro-Tour dabei eine entscheidende Rolle gespielt hat. Wie schön!

Am Großolbersdorfer Pfarrhaus heißt uns Pfarrer Bliesener freundlich willkommen. Es gibt Brot, Aufstriche und Obst sowie warme und kalte Getränke. Die zu erledigenden Aufgaben stellt Herr Bliesener uns sehr genau und durchaus etwas umständlich vor. Es ist zu spüren, dass er sich kaum vorstellen kann, dass die Jugendlichen richtig arbeiten können. Es handelt sich größtenteils um Gartenarbeiten in dem riesigen Pfarrgarten, den die Blieseners vor zwei Jahren in verwildertem Zustand übernommen haben. Nach reichlich dreistündiger Arbeit sind unsere Gastgeber sichtlich bewegt, was jetzt alles geschafft ist. Offenbar stellt das große Grundstück eine enorme Herausforderung für sie dar. Jetzt sind sie dankbar, dass mal richtig Grund reingekommen ist.

Wir werden reich belohnt: Es gibt zwei große Eintöpfe sowie einen Kartoffelsalat – alles extrem lecker! (Es müssen gar nicht immer Nudeln sein.)

Nach dem Essen spielen wir Tischtennis in der Pfarrscheune. Anschließend sitzen wir noch ein paar Stunden am Feuer, spielen, chillen und lauschen einer weiteren Geschichte aus „Hallo Mister Gott".

Die Frage des Tages lautet: Was werde ich mitnehmen von der Null-Euro-Tour? Hier einige Antworten:

„Erstaunlich, wie schnell wir zusammengewachsen sind!"

„Das Alter spielt dabei zum Glück keine Rolle."

„Es ist schön, mal Handy und Social Media zu fasten – man erlebt alles viel intensiver und ist gleichzeitig auch entspannter."

Ich denke so: Schon allein für diese Antworten hat sich die Tour gelohnt!

Zum Schlafen legt sich die Hälfte der Gruppe unter freiem Himmel auf die Wiese. Später kommt Regen auf. Zum Glück steht gleich neben dem Wiesenlager die Scheune offen, und können wir schnell wieder ins Trockene schlüpfen.

Freitag, 20.8.2021

Auch heute werden wir noch ein Stück von unserem Gastgeber begleitet, der uns den Weg zeigen will. Herr Bliesener ist seit gestern deutlich aufgetaut, und es wird ein herzlicher Abschied, erneut mit persönlichem Reisesegen.

An der „Scharfensteiner Kanzel", einem Aussichtsfelsen mit Blick über das Zschopau-Tal, nutze ich die Gelegenheit, einmal auf einer Naturkanzel zu predigen. Ich erzähle die Geschichte von der Wasserpumpe:

Ein Mann wandert durch einen Naturpark irgendwo im Süden. Es ist ein heißer Sommertag, die schwüle Hitze fast unerträglich, und schneller als erwartet sind seine Wasser-Reserven aufgebraucht. Die nächste Wasserstelle ist noch weit entfernt. Weit und breit ist kein Wasser in Sicht. Der Mann glaubt schon fast, verdursten zu müssen. Da kommt er an eine Wasserpumpe. Schon keimt Hoffnung in ihm auf. Jetzt endlich wird er trinken, sich waschen, seine Trinkflaschen füllen können... Gierig drückt er den Hebel hinunter – doch er spürt keinen Widerstand, die Pumpe zieht kein Wasser! Er pumpt und pumpt und pumpt – nichts!

Er setzt sich in den Schatten eines Baumes, und während sich Resignation in ihm breitmacht, fällt sein Blick auf eine Flasche, gefüllt bis an den Rand mit Wasser. Schon will er sie öffnen und das Wasser trinken, doch dann hält er inne, denn an der Flasche hängt ein kleiner Zettel mit der Aufschrift:

„Um die Pumpe in Gang zu setzen, bitte den Deckel der Pumpe abnehmen und das Wasser hineinschütten."

Was macht der Wanderer nun? Soll er der Anweisung Folge leisten? Doch was, wenn es nicht funktioniert? Vielleicht ist das Ganze bloß ein schlechter Scherz! Sollte er nicht lieber das Wasser aus der Flasche trinken? Viel ist es ja nicht. Es wird höchstens den allerschlimmsten Durst löschen! Doch schon bald wird ihm die Zunge wieder am Gaumen kleben. Und seine Vorratsflaschen werden auch leer bleiben. Dazu kommt ja noch, dass spätere Wanderer leer ausgehen werden, denn er wird die Flasche nicht wieder füllen können. Was wird er tun?

Nun, der Mann geht voll auf Risiko. Er öffnet die Pumpe und schüttet den gesamten Inhalt der Flasche hinein. Jetzt kommt der Moment: Wird es klappen? Er pumpt und pumpt – und spürt, dass der Widerstand nach und nach zunimmt. Schließlich zieht die Pumpe Wasser. Der Mann stillt seinen Durst und erfrischt sich und füllt seine Vorratsflaschen. Und am Ende füllt er auch die Flasche, die er gefunden hatte, wieder mit Wasser, und er schreibt auf das Schild: „Es stimmt".[9]

Die Pumpe ist ein Bild für den Glauben. Und vielleicht ist es ja dem einen oder anderen auf dieser Tour auch so gegangen wie dem Mann in dem Naturpark: Am Anfang stand abwartende Skepsis. Wie um alles in der Welt ist meine Mutter eigentlich auf die

---

[9] Quelle unbekannt.

Idee gekommen, mich hier anzumelden? Soll ich mich auf diese Sache einlassen? Oder beiße ich einfach die Zähne zusammen und versuche, das alles einigermaßen unbeschadet, aber möglichst unbehelligt zu überstehen?

Inzwischen ist klar: Alle haben es gewagt. Alle haben das, was sie zur Verfügung hatten, in die Pumpe geschüttet – und die Pumpe sprudelt! Im Rückblick waren diese Tage für alle eine Zeit der Entdeckungen, des Vertrauens und Lernens; eine Zeit auch, Gottes Fürsorge ganz praktisch zu erleben.

Heiter und gelassen wandern wir das letzte Stück bis nach Zschopau. Der Abschied am Bahnhof ist herzlich.

Die „Hardcore-Null-Euro-Wellness-Tour" Vogtländische Schweiz (2022)

Als es an die Planung für die Null-Euro-Tour 2022 geht, stellt sich die Frage, ob wir es nach zwei Corona-Jahren mit der Light-Version der Null-Euro-Tour wagen können, zur Hardcore-Variante zurückzukehren. Das Mitarbeiterteam ist hungrig auf Abenteuer und Glaubenserfahrungen, und so wird es also wieder Hardcore!

Das Team, das sind Anni, die zum sechsten Mal dabei ist, Miriam und mein Patensohn Titus. Wie so oft ist auch diesmal wieder viel Frauenpower am Start: Auf fünf Jungen kommen zwölf Mädchen. Insgesamt sind wir also 17 Personen. Wieder ist Jessica, unser Integrativkind, mit dabei; besonders zu erwähnen sind noch Antonia, die sich mitten im Hochzeitsvorbereitungsendspurt befindet – drei Wochen nach der Tour soll die Hochzeit sein! – und Arne: Arne ist ein Klavierschüler meiner Frau, die ihn auf die Tour aufmerksam gemacht hat. Arne hat keinen christlichen Hintergrund, überwand die verständlichen Berührungsängste aber, indem er noch einen Freund mit ins Boot holte. Der wurde dann jedoch kurz vor der Tour krank, so dass auch Arne fast einen Rückzieher gemacht hätte. Doch meine Frau schaffte es, ihn davon zu überzeugen, dass er bestimmt gut in die Gruppe hineinfinden würde; und so kam er trotzdem mit – etwas unsicher, wie er gleich zu Beginn betonte, aber „vorsichtig optimistisch".

Ziel der Tour ist – nach der „Sächsischen Schweiz" (2018) und der „Wolkensteiner Schweiz" (2021) – eine weitere Schweiz auf sächsischem Boden: die Vogtländische Schweiz ganz im Westen Sachsens. Wie schon 2015 ist der Zeltplatz Gunzenberg an der Talsperre Pöhl das Ziel, wo ich uns für zwei Übernachtungen bei

„Kirche unterwegs" angemeldet habe. Dieses Quartier ist also im Vorfeld organisiert – im Gegensatz zu den ersten drei, die spontan gesucht werden müssen.

Montag, 1.8.2022

Start der Tour ist in Reichenbach. Von dort wandern wir westwärts nach Mylau. In Mylau sehen wir, dass die evangelische Kirche offensteht, und treten ein. Einige fangen spontan an, zu singen, was von der Frau, die die Kirche offenhält, nicht unbemerkt bleibt. Sie ist positiv überrascht von den singenden Jugendlichen. Wir haben bei der Dame also einen Stein im Brett, und so frage ich sie gleich einmal, ob sie eine Idee habe, wo wir unser Glück versuchen könnten. Doch da fällt ihr leider gar nichts ein: Pfarrer, Kantor und Gemeindepädagogin – alle sind im Urlaub; Bauernhöfe gibt es in Mylau offenbar auch nicht. „Nein, also da sieht es hier leider ganz schlecht aus!"

Hier kommen wir also offenbar nicht weiter. Da fällt Clara ein, dass sie am Tor der Burg Mylau etwas von Bildung gelesen habe – vielleicht habe man auf der Burg ja ein Herz für Jugendliche. Zusammen mit Titus mache ich mich also auf den Weg zur Burg. Wir kommen jedoch zunächst nur bis zum verschlossenen Gittertor im Burginneren. Durch das Gitter erspähen wir allerdings eine Freizeitgruppe im Innenhof, und so machen wir uns rufend bemerkbar. Eine junge Frau kommt ans Gitter; sie ist zwar, wie die ganze Gruppe hier, nur zu Gast, öffnet uns aber immerhin das Tor und verspricht, die Burgherrin zu holen.

Kurz darauf steht die Burgherrin vor uns. Sie stellt sich als Sina vor und hört sich unser Anliegen an. Nach einer kurzen Schrecksekunde sagt sie: „Ihr könnt gern hier übernachten. Arbeit gibt's genug. Und den Rest kriegen wir auch hin." Und schon führt sie uns auf ein Stück ebener Wiese mit Blick auf die nahe Kirche.

Sina erklärt, dass sie heute leider keine Arbeit mehr für uns findet, weil der Hausmeister schon Feierabend hat. Aber wir könnten ja morgen Vormittag noch ein bis zwei Stunden arbeiten. Also haben wir den Nachmittag frei!

Wir spielen Werwolf (was sonst?), Gordischer Knoten und – Verstecken! Dafür ist die großzügige Burganlage mit Burggraben, Wällen, Mauern und einem Baumhaus wie geschaffen, und mit geradezu kindlichem Vergnügen toben wir durchs Gelände. Es gibt auch ein paar Mirabellen-Sträucher voller reifer Früchte, und so haben wir erst einmal etwas zu kauen – und zu spucken.

Abends kommt Sina mit einem großen Topf selbst gekochter Gemüsesuppe, Kräuterjoghurt und frischen Baguettes. Köstlich!

Dienstag, 2.8.2022

Die Nacht ist trocken und mit einer Tiefsttemperatur von 13°C recht mild. Doch selbst unter diesen Bedingungen bringen es einige fertig, zu frieren.

Das Frühstück nehmen wir im schönen Speisesaal der Burg ein. Anschließend setzen wir den schon vorher begonnenen Arbeitseinsatz fort. Unkraut jäten, Müll sammeln, Bäume pflegen und den Weg kehren. Burgherrin Sina findet das Projekt toll und empfiehlt uns, als nächstes Greiz anzusteuern und dort im Schloss zu fragen; da gebe es bestimmt auch viel Arbeit und Platz zum Schlafen. Außerdem seien der Weg über den Vogtland-Panorama-Weg und auch Greiz selbst sehr schön.

Recht hat sie! Vor allem der Blick auf die Göltzschtalbrücke, diese größte Ziegelsteinbrücke der Welt, ist beeindruckend. Auf halber Höhe laufen wir durch diese alte Eisenbahnbrücke hindurch. Als wir bald darauf den schattigen Wald verlassen, macht sich die Hitze bemerkbar. Kurz vor Greiz haben wir auch noch einmal ein besonders schönes Stück Weg durch den Wald, inklusive Postkarten-Blick auf den malerischen Ort.

Entgegen Sinas Prognose werden wir im Greizer Schloss jedoch nicht fündig. Stattdessen schickt man uns zur Touristen-Information. Wir denken noch: Die haben das Konzept der Null-Euro-Tour offenbar gar nicht verstanden, denn ausgerechnet die Touristen-Information wird uns ja wohl kaum mit einer Null-Euro-Unterkunft weiterhelfen können. Aber was soll's? Wir haben ja selbst keine bessere Idee, und so probieren wir dort unser Glück.

Wie erwartet, ist man in der Touristen-Info ratlos. Allerdings trifft es sich, dass just in diesem Moment Christine Schulze, die ehemalige Gemeindepädagogin der Greizer Kirchgemeinde, ebenfalls zugegen ist. Und so wird sie gleich gefragt, ob sie nicht eine Idee habe, wo wir unterkommen können. Tatsächlich nimmt sie sich der Sache an.

Da der Pfarrer im Urlaub ist, spricht sie mit dem Kantor. Grundsätzlich signalisieren die beiden Bereitschaft, uns auf der Wiese der Kirchgemeinde unterzubringen. Allerdings gibt es auch Bedenken: Beide haben keine Zeit, sich um uns zu kümmern. Immerhin könnten wir ja aber die Kiefernzapfen auf der Wiese sammeln, da hätten wir alle etwas davon: Kantor Stiller, weil er die Zapfen gern als Brennmaterial verwende, und wir, weil wir die Dinger beim Schlafen dann nicht im Rücken hätten.

Als die beiden merken, dass wir unkompliziert sind, entspannen sie sich und beginnen, sich mit dem Gedanken anzufreunden, uns zu beherbergen. Wir haben auch schon eine Idee, wie wir zu einem Abendessen kommen: Wir haben nämlich gesehen, dass Greiz über eine hübsche und einigermaßen belebte Einkaufsstraße verfügt. Und da die Gruppe musikalisch ist, schlage ich vor, dass wir in der Einkaufszone singen und so ein bisschen Kleingeld sammeln. Christine Schulze und Kantor Stiller finden die Idee gut und spenden gleich mal 30 Euro vorab. Außerdem leiht uns der Kantor noch seine Gitarre.

So ausgerüstet, machen wir uns auf den Weg – und staunen nicht schlecht, als gleich beim ersten Lied drei junge Männer stehenbleiben, uns filmen und uns anschließend mit Applaus und Kleingeld bedenken. Und so geht es weiter. Nach einer halben Stunde haben wir über 30 Euro im Hut! Eine weitere Spende bringt Christine Schulze später von ihrer Nachbarin, der sie von uns erzählt hat; außerdem noch drei Gläser selbstgemachter Marmelade! So haben wir mehr als genug, um die Zutaten fürs Abendessen selbst kaufen zu können.

Das Essen nehmen wir im Gemeindesaal der Kirchgemeinde ein, wo eine lange Tafel schon für uns bereitsteht. Wenn nicht gegessen wird, wird gespielt. Heute ist das Kultspiel „Fleisch" an der Reihe, außerdem mal wieder „Werwolf". Zeit für die Emo-Runde und für die Frage des Tages findet sich auch noch. Es war die Frage nach dem Neuanfang. Vor einem besonderen Neuanfang steht natürlich Antonia, die in kaum drei Wochen heiraten wird. Dass sie mit 21 Jahren für einen solch weitreichenden Schritt bereit ist, löst Staunen aus. Aber Antonia ist eine, der man das zutraut.

Die Nacht bleibt trocken, und so schlafen wir wieder unter freiem Himmel.

Mittwoch, 3.8.2022

Morgens kommt eine ältere Frau, um alles für den nachmittäglichen Seniorenkreis vorzubereiten. Sie bringt uns Gemüse aus eigener Produktion mit. Offenbar hat sie von Christine Schulze von uns gehört.

Das gilt einige Zeit später auch für die Leser der Greizer Kirchennachrichten. Dort blickt Frau Schulze auf ihre Begegnung mit uns zurück:

Liebe Leser*innen, vor der Stadtkirche wandte sich Anfang August eine Gruppe Jugendlicher mit einer Frage an mich: „Guten Tag, können sie uns vielleicht helfen, hier in Greiz eine Übernachtungsmöglichkeit zu finden? Wir sind eine evangelische Jugendgruppe aus Sachsen und auf einer 0€-Tour ohne Handys und ohne Geld!"

Ich dachte im ersten Moment, ich hätte mich verhört und an das 9€ Ticket gedacht. Nein, ohne Handys, ja, super, und nur zu Fuß das gibt's auch noch! Aber ohne Geld? Das geht doch gar nicht! Freundlich und erwartungsvoll standen die jungen Leute vor mir. Genauso, als wüssten sie schon eine Lösung, der ich nur noch zustimmen müsse. „Wir brauchen nur eine Wiese, auf der wir schlafen können. Und vielleicht noch Wasser und eine Toilette. "

Klar, dachte ich, als ich wieder zur Besinnung kam, das alles gibt es hier, wenige Schritte um die Kirche herum. Aber wer genehmigt das jetzt? Wer übernimmt dafür die Verantwortung? Ich beriet mich mit einigen Leuten, von denen keiner nein sagen wollte und wir beschlossen, die Jugendlichen einzuladen, im Pfarrgarten zu übernachten.

So ließen sie sich im Pfarrgarten nieder, sammelten blitzschnell alle Zapfen auf, sangen Lieder in der Greizer Innenstadt, bekamen dafür etwas Geld und erhielten ein paar Lebensmittelspenden. Kochten sich in unserer gut ausgestatteten Küche ihre Nudeln und mit ein paar zusätzlichen Decken, die der Kantor auftrieb, war die Nacht im Freien auch erträglich. Am Morgen traf ich auf eine gut gelaunte Jugendgruppe bei ihrem bescheidenen Frühstücksbrot im Bonhoefferhaus. Weiter zu Fuß unterwegs, voller Gottver-

trauen. Nicht ohne vorher alles wieder aufgewaschen, aufgeräumt und ausgewischt zu haben.

Siebzehn Jugendliche bei uns zu Gast. Einfach so. Gott sei Dank...

Christine Schulze, Gemeindepädagogin i. R.

Bald nach dem Frühstück brechen wir auf, denn um 11:00 Uhr sind wir in der Nähe des Trinkwasserspeichers Greiz-Dölau mit einem Team des Mitteldeutschen Rundfunks verabredet. Bernd Schädlich von Radio MDR Sachsen hat mich gefragt, ob er über die Tour berichten könne. Später schloss sich auch noch ein Filmteam unter der Leitung von Christiane Günther an; sie will einen Bericht im Sachsenspiegel, der abendlichen Nachrichtensendung von MDR Sachsen, platzieren. Heute kommt es also zum Treffen.

Wir finden ein geeignetes Plätzchen am Wegesrand. Es stellt sich heraus, dass sowohl der Radioreporter Bernd Schädlich als auch der Kameramann Dietmar just heute Geburtstag haben! Also bekommen die beiden gleich ein Ständchen gesungen.

Dann werden alle der Reihe nach befragt. Die Jugendlichen geben bereitwillig Auskunft. Hier einige Antworten:

„Ich bin einfach wegen des Abenteuers dabei. ... Über die Sache mit dem Geld habe ich mir eigentlich keine Gedanken gemacht, denn es gibt ja hier die Mitarbeiter, und auf die vertraue ich irgendwie, dass die das schon oft gemacht haben, und dass es dann schon irgendwelche Notlösungen gibt. ... Wir schlafen im Freien, man sieht die Sterne, das ist schon richtig Luxus.“ (Tabea)

„Ich finde einfach die Erfahrung cool, dass man merkt, auch wenn es am Anfang so aussieht, als würde man keinen Schlafplatz mehr bekommen, dass es dann trotzdem immer noch eine Lösung gibt;

... dass wir ... die Gewissheit haben: Gott hat einen Plan für uns, auch wenn wir's am Anfang noch nicht wissen." (Noa)

„Ich bin zum sechsten Mal dabei. Es ist jedes Mal ein neuer Reiz. Gerade dass man gefühlt unvorbereitet in den Tag startet – wo kriege ich heute meine Verpflegung her, wo schlafe ich heute – genau das ist das, was es ausmacht; und natürlich auch das Vertrauen: gegenseitig in der Gruppe und natürlich auch auf Gott. ... Es ist auch ein Kontrastprogramm zum Alltag. Wenn wir ehrlich sind: Ich bin normalerweise jeden Tag vier Stunden am Handy – und das sind vielleicht noch gute Tage –, und jetzt: gar nicht. Viel mehr Unterhaltungen, viel mehr draußen sein auch und wirklich was erleben, raus aus dem Alltag!" (Anni)

„Ich nehme mir auf jeden Fall die Dankbarkeit mit, weil das, was so normal ist – ein Dach überm Kopf zu haben, Essen zu haben – das ist hier halt nicht normal. Dafür ist man dankbar, wenn man es hat, und ich finde es wichtig, das mitzunehmen, weil es gibt halt viele Leute, die es nicht so gut haben wie wir, und das realisiert man hier erst mal." (Bernadette)

Nach einer willkommenen Abkühlung im Speicher laufen wir weiter nach Elsterberg und kaufen uns von dem ersungenen Geld ein paar Lebensmittel fürs Abendessen. So sind wir bei der Quartiersuche nicht darauf angewiesen, dass unsere nächsten Gastgeber uns versorgen.

Nachdem wir das Zentrum von Elsterberg hinter uns gelassen haben, stoßen wir auf ein Ehepaar, Stephan und Iris, in ihrem Grundstück am Waldrand. Sie zögern nicht lange und bieten uns die benachbarte Wiese an. Wir erwähnen, dass wir unser Essen dabeihaben – alles außer Brot. Sofort ruft der Mann beim Bäcker an und bestellt zwei Zweipfünder, die er kurz darauf abholt. Vorher zeigt er uns aber noch den Schlafplatz, den Wasseranschluss und die

Gästetoilette. Nur Arbeit hat er für uns nicht: Er lasse sich seine Gartenarbeit nicht wegnehmen, denn die brauche er zum Ausgleich.

Später leihen uns die beiden noch einen großen Topf. Nach dem Gebrauch auf unserem Spirituskocher ist der Topf von außen und innen schwarz – doch für die beiden ist das überhaupt kein Problem. Überhaupt erweisen sie sich als zuvorkommende Gastgeber: Stephan kommt mehrfach und fragt, ob wir noch etwas brauchen; er verschiebt den Beginn seines morgendlichen Kettensägen-Einsatzes neben unserer Schlafwiese um anderthalb Stunden, damit wir länger schlafen können; er überrascht uns am Morgen mit frischen Brötchen; und zum Abschied drückt er uns noch 10 Euro in die Hand.

Die Krönung aber stellt der Whirlpool im Garten der beiden dar! Iris lädt uns ein, den Pool zu benutzen, und das lassen wir uns nicht zweimal sagen. „Null-Euro-Wellness-Tour" sozusagen – so etwas hat es auch noch nicht gegeben!

Bei der abendlichen Austauschrunde zeichnet sich ab: Das Wandern in der Hitze ist für manche ganz schön anstrengend, doch wir werden großartig entschädigt! Die Dankbarkeit, ja, das Staunen über so viel Großzügigkeit macht alle Strapazen wett.

Donnerstag, 4.8.2022

Nachdem wir dem gerührten Stephan ein Danke-Lied singen und eine Karte mit sämtlichen Unterschriften überreichen, laufen wir über Cossengrün in Richtung Steinicht. Unterwegs machen wir eine Pause im Wald. Titus erzählt das Märchen von „Hans im Glück". Die Frage, die er uns mitgibt, lautet: „Was ist mir das Wichtigste im Leben? Und worauf kann ich eigentlich auch verzichten (so wie Hans im Glück)?"

Anschließend beginnt ein besonders schöner Streckenabschnitt: von Steinicht entlang der Weißen Elster, Richtung Talsperre Pöhl.

13.00 Uhr ruft Radio-Reporter Schädlich an und teilt uns mit, dass sein Radio-Beitrag heute 14.10 Uhr über den Äther geht. Ich gebe allen die Gelegenheit, diese Info an ihre Eltern weiterzugeben, und als es soweit ist, schalten auch wir selbst das Radio ein. Der Beitrag ist richtig gut geworden; eine ganze Reihe von uns kommt zu Wort.

Auf dem Zeltplatz treffen wir auf die „KUten" (Kirche-unterwegs-Mitarbeiter), die gerade vom Baden kommen. Auch die Null-Euro-Touris springen erst einmal ins erfrischende Wasser. Nach dem Baden und der nachmittäglichen Kinderrunde gibt es frischen Kaffee, Obstsalat – und endlich Eis (wir hatten darauf gehofft!). Wir stellen einander vor, und die Chemie zwischen KUten und Null-Euro-Touris scheint zu stimmen.

Abends gehen einige von uns mit zur Einladungsrunde über den Zeltplatz, um die Kinder zur Sandmanngeschichte abzuholen. Jessica ist dabei voll in ihrem Element.

19.00 Uhr kommt dann im „Sachsenspiegel" der Fernsehbericht über die Tour. Auch dieser Beitrag ist wirklich schön geworden. Als ich der Reporterin dafür danke, antwortet sie:

Lieber Herr Bartels, liebe Wanderer, der Dank geht an Sie zurück. Es fiel richtig schwer, aus den vielen klugen Antworten auszuwählen. Die Freude und Begeisterung für diese Null-Euro-Tour war wirklich jedem anzumerken. Es war schön, Sie/euch kennengelernt zu haben...

Die abendliche Lobpreis-, Gesprächs- und Gebetszeit unter Titus' Leitung ist intensiv. Anschließend wird Werwolf gespielt oder einfach gequatscht.

Freitag, 5.8.2022

Heute bleiben wir auf dem Zeltplatz und machen bei Kirche unterwegs mit. Vormittags gibt es ein Bibelgespräch über die Speisung der 5000; anschließend feiern wir gemeinsam Abendmahl.

Auch in der Kinderrunde am Nachmittag, die ich zusammen mit einigen Jugendlichen vorbereite, geht es noch einmal um die Speisung der 5000 – diesmal ohne Abendmahl, dafür aber mit Spielfiguren und Fischli-Gebäck.

Die abendliche Austauschrunde machen wir bereits in unseren Schlafsäcken liegend im Zelt. Um Mitternacht gratulieren wir Emma, die in dem Moment 17 wird. Bald darauf schlafen alle tief und fest. Gut so, denn der nächste Tag beginnt früh.

Samstag, 6.8.2022

Seit gestern gibt es einen regelrechten Null-Euro-Tour-Hit: das Kinderlied „Echt elefantastisch". Nachdem wir es bei KU mehrfach mitgesungen haben, erklingt es jetzt bei jeder Gelegenheit, wozu natürlich auch die entsprechenden Bewegungen gemacht werden. Auch die Stimmung ist also „elefantastisch", und das bleibt so, während der letzten kurzen Etappe und der anschließenden Bahnfahrt nach Reichenbach. Auf den Bahnhöfen Jocketa und Reichenbach wird die ganze Zeit gesungen, gespielt und gelacht.

In der Bahn kommen wir übrigens mit einer Freizeitgruppe der Glaubensgemeinschaft „Christliche Wissenschaft" ins Gespräch – und erleben so noch ein Stück außergewöhnliche Horizonterweiterung.

Bereits zurück in Pirna fragt mich Jessica, was mir auf der Tour am besten gefallen habe. Spontan antworte ich: „Echt elefantastisch". Da muss Jessica lachen; sie kann kaum glauben, dass mir ausgerechnet dieses Kinderlied am besten gefallen hat. Doch es ist tatsächlich das ausgelassene Singen am Ende der Tour, das zum Ausdruck für dieses unvergleichliche Hochgefühl wurde: Wir haben die Tour geschafft! Und dabei sind wir einander so vertraut geworden, dass wir jetzt zusammen albern sein und feiern können.

Einige Monate später katapultiert der Instagram-Algorithmus einen Videoschnipsel mit unserem elefantastischen Gesang nach oben, und für einige Tage wird der Beitrag täglich einige Tausend mal aufgerufen, kommentiert und verbreitet. Viele Kommentare sind natürlich eher spöttisch, doch es gibt auch wertschätzende Reaktionen. In einem Kommentar heißt es: „elefantastische Leute, elefantastische Wanderung, elefantastischer Gott".

„Die Zukunft der Kirche, das seid ihr!"
Leipziger Seenland (2023)

Nach den Gebirgstouren durch die Wolkensteiner und die Vogtländische Schweiz war es 2023 einmal Zeit für eine Tour in leichterem Terrain. Die Wahl fiel auf die Seenlandschaft, die der Tagebau im Süden von Leipzig hinterlassen hat.

Zum Team gehören die Jugendlichen Rufus und Sarah, außerdem Michael Müller, Jugendpfarrer in der Oberlausitz.

Außer uns vier Mitarbeitenden nehmen drei Jungen und dreizehn Mädchen teil. Die Tour ist damit wieder einmal ausgebucht.

Montag, 17.7.2023

Treffpunkt ist in Markkleeberg, südlich von Leipzig. Bei schönstem Sommerwetter laufen wir zunächst zur Siedlung Auenhain und dann, nachdem wir dort kein Quartier finden, weiter nach Güldengossa. Zunächst klingeln wir bei einem älteren Herrn, dem Nachbarn einer Bekannten von Sarah, einem aufgeschlossenen Mann, der früher selbst ähnliche Sachen gemacht hat, wie er uns erzählt. Aber „20 Leute?", fragt er ungläubig. Vier oder zur Not auch sechs von uns hätte er aufgenommen, aber 20? Nein, das sprenge dann doch seine Möglichkeiten.

An der Kirche finden wir die Telefonnummer des Pfarramts, erreichen unter dieser Nummer jedoch nur den Anrufbeantworter. Doch wir erregen die Aufmerksamkeit von Sven, der mit Frau und Baby vorbeischlendert. „Seid ihr Pfadfinder?", will er wissen. Die Gefragten müssen erst einmal überlegen, was jetzt eigentlich der Unterschied zwischen uns und den Pfadfindern ist. Es entspinnt sich mitten auf der Straße ein reger Austausch, in den bald auch noch Nachbar Ralf Kuswa, der von ihm im Urlaub kontaktierte Pfarrer und eine Frau mit Hund einbezogen sind. Das Ergebnis der Beratschlagung sieht so aus: Ralf lässt uns in seinem Garten übernachten, und Sven kümmert sich um die Versorgung. Er verschiebt den Spaziergang auf später und fährt erst einmal in den nächsten Supermarkt, um bald darauf – unter dem Jubel der Gruppe – mit einer Lieferung Lebensmittel zurückzukehren. Und der Pfarrer bietet an, uns in der Kirche übernachten zu lassen, was die Mehrheit der Gruppe wegen des auffrischenden Windes dann auch dankbar in Anspruch nimmt.

Als wir alle in Ralfs Garten sitzen, erzählt Sven, dass seine Tochter kürzlich in der Kirche von Güldengossa getauft worden ist. Es sei „die erste Taufe seit 125 Jahren" gewesen, wie er – leicht übertreibend – hinzufügt. Ebenfalls im Scherz sage ich: „Na, dann ist die Zukunft der Kirche hier doch gesichert." Worauf Sven entgegnet: „Die Zukunft der Kirche – das seid ihr!" Offenbar ist er von uns nicht weniger beeindruckt als wir von ihm.

Nach einem erfrischenden Bad im nahen Markkleeberger See und dem reichhaltigen Abendbrot lädt uns Ralf zu einer Kirchenführung ein. Es stellt sich heraus, dass er der Vorsitzende des kirchlichen Fördervereins ist und daher auch den Schlüssel hat.

Die Kirche, die von außen gut in Schuss wirkt, offenbart im Innern einen desolaten Zustand: Die Farbe ist frisch, doch es gibt eine ganze Reihe Risse und regelrechte Verwerfungen im Mauerwerk. An mehreren Stellen und besonders zwischen Kirchenschiff und Altarraum muss das Mauerwerk abgestützt werden. Ralf erklärt uns den Hintergrund: Die erst 2003 aufwändig sanierte Kirche geriet 2017 ins Rutschen. Den Grund dafür sieht er darin, dass das Kapillarwasser im Erdreich fehlt, weil die Wasserader, die Güldengossa mit Grundwasser versorgt hat, durch den Bau der A38 unterbrochen wurde. In der Folge geriet das Erdreich unter der Kirche ins Rutschen. Leider war eine endsprechende Klage erfolglos, so dass die Kirchgemeinde auf dem Schaden sitzenbleibt. Durch die provisorische Absicherung ist die Kirche aber wenigstens noch nutzbar, und so dient sie uns heute als Quartier.

Michael fasst seinen Eindruck von diesem ersten Tag der Tour später so zusammen:

Schon irgendwie verrückt, wie wir an diesem Tag gefunden wurden. Von Sven, dessen Tochter ... erst vor Kurzem in Güldengossa getauft wurde. Und von Ralf, der uns seinen Garten und schließlich sogar die Kirche als Schlafquartier zur Verfügung stellte. Und – so würde ich es verstehen – auch von Gott, dem zum Lob wir an diesem Abend singen konnten: „Ist es nicht wunderbar, an diesem Tag zu sein. Es ist ein Privileg, erachte es nicht als klein."

Dienstag, 18.7.2023

Nach dem sättigenden Frühstück in Ralfs Garten ziehen wir weiter in Richtung Süden. Mittags legen wir eine Badepause im Störmthaler See ein.

In Dreiskau ist unsere Quartiersuche zunächst vergeblich. Immerhin erhalten wir von verschiedenen wohlmeinenden Menschen 20,00 Euro, Gurken sowie Sirup und Marmelade aus eigener Produktion. In Muckern geht es zunächst ähnlich weiter: Wir erhalten weitere 50,00 Euro (!), Gurken, Knäckebrot und eine Packung Pralinen. Nur die Quartiersuche erweist sich als schwierig. Mehrfach werden wir auf das Landschulheim verwiesen. Doch dort findet sich niemand, der uns einlassen könnte.

Erst im „Alten Pferdehof" finden wir einen Hof mit ausreichend Platz zum Übernachten. Allerdings braucht Matthias Wendland, der Eigentümer, eine Weile, um sich an den Gedanken zu gewöhnen, plötzlich 20 Jugendliche zu beherbergen – was ja nur zu verständlich ist. Dummerweise hat er schon früh signalisiert, dass es im Prinzip möglich sei, und irgendwie scheint er auch ein bisschen auf uns neugierig zu sein – aber das Unkraut! Aber die Baustelle! Aber die Mücken! Aber, aber, aber… Es wirkt, als wolle er uns wieder loswerden. Doch wir lassen nicht locker, und so „muss" er uns wohl oder übel aufnehmen. Er begegnet uns mit einer spannenden Mischung aus Offenheit und Zurückhaltung. So fährt er mich und Sarah zum Supermarkt nach Espenhain, wo wir das Geld, das wir geschenkt bekommen haben, in Lebensmittel umsetzen.

Das Quartier im völlig verwilderten Garten hinter der Scheune ist einfach, aber das Essen ist üppig, und so geht es uns gut. Da wir schon wieder nicht arbeiten müssen – das kommt aus versicherungstechnischen Gründen für Herrn Wendland auf gar keinen Fall in Frage – haben wir reichlich Zeit zum Spielen, Singen, Reden und Beten. Irgendwann schaut Herr Wendland auch noch einmal um die Ecke – und wirkt schon deutlich entspannter als am Anfang. „So groß ist die Terrasse also!", ruft er uns freundlich zu.

Mittwoch, 19.7.2023

Am Morgen ist Herrn Wendlands Metamorphose zum freundlichen Gastgeber weit vorangeschritten. Jetzt lädt er uns in seinen Hof ein, wo saubere Gartenmöbel zur Verfügung stehen. Und frischen Kaffee gibt es auch.

Während des Frühstücks geht es plötzlich um große Themen: sein schwerer Verkehrsunfall vor einigen Jahren, der zum vorzeitigen Ruhestand geführt hat, seine Scheidung, das gute Verhältnis zu seiner Tochter, seine Werte – „Familie kommt an erster Stelle" – und er drückt auch seinen Respekt für die Null-Euro-Tour aus: „Ihr seid ja auch wie eine Familie."

Als wir ihm zum Schluss mit einem Lied danken, ist er geradezu gerührt. So hat er mit uns einen Haufen fröhlicher Christenmenschen kennengelernt – und vielleicht relativieren sich ja auch seine kirchenkritischen Vorurteile.

Nach dem Frühstück setzen wir die Wanderung fort. Nach einer ausgiebigen und besonders schönen Badepause am Hainer See mit Steg zum Springen, Toben und In-der-Sonne-liegen erreichen wir am Nachmittag Kahnsdorf.

Dort wird uns u.a. das gleichnamige Gut, ein ehemaliges Rittergut, empfohlen. Wir teilen uns in zwei Gruppen auf; die eine Gruppe probiert es bei einem weiteren Pferdehof, die andere bei jenem Gut Kahnsdorf. Auf dem Gut erwischen wir glücklicherweise Hausmeister Schmidt, der gerade auf das Gelände fährt. Er muss erst noch ein bisschen telefonieren, aber dann erklärt er, sein Chef sei zwar im Urlaub und nicht erreichbar, aber das Personal sei informiert, und die Sache gehe klar. Wir sollen uns irgendwo in dem weitläufigen Gelände einen geeigneten Liegeplatz suchen.

Das tun wir – und finden den perfekten Platz: einen Pavillon mit
Blick auf einen großen Gartenteich. Allein unter dem Pavillon fin-
den schon einmal die Mädchen ausreichend Platz zum Schlafen.
Für die sechs Jungen und die Rucksäcke spannen wir ringsum vier
Tarps auf und befestigen sie am Pavillon.

Da der Hausmeister, der ja hier gar nicht wohnt, kein Essen für
uns hat, schwärmen wir aus, um in der Nachbarschaft etwas Ess-
bares zu erfragen – mit Erfolg: Wir ergattern Obst, Gemüse, etliche Konserven, etwa die Hälfte davon ohne Etikett. Abgelaufen
sind sie alle bereits, zum Teil seit etlichen Jahren. Manche Konserven sind älter als die Teilnehmenden! Dennoch schmecken sie
alle noch einwandfrei. Außerdem bekommen wir Eiskaffee, Ha-
ferdrink, Wasser und Limo, ein Säckchen Walnüsse, Salz- und
Süßgebäck, Brot, phantastischen Mutzbraten und zwei Packungen
Wiener Würstchen im Speckmantel (was es alles gibt!). Eine besondere Gabe ist eine große Knackwurst aus dem Reiseproviant

eines Fahrradtouristen, mit dem Rufus zuvor ins Gespräch gekommen ist – von dessen „Lieblingsfleischer".

Michael beschreibt diesen Nachmittag rückblickend als Wendepunkt:

Das Abtasten war vorbei. Viele von uns hatten nun selbst ganz unmittelbar mit den Menschen Kontakt aufgenommen und ermutigende Begegnungen erlebt.

Donnerstag, 20.7.2023

Die Nachtruhe wird um 0.30 Uhr durch einen ergiebigen Regenschauer jäh unterbrochen. Zwischen dem Pavillon und den Tarps regnet es rein, und wir müssen zusammenrücken, um nicht allzu nass zu werden. Bald kommen auch noch Nelly und Charlotte angelaufen, die nebenan auf einem Spielplatz geschlafen hatten; sie sind schon halb durchnässt, denn ihre Klettergerüst-Überdachung hat sich als undicht erwiesen. Zum Glück dauert der Schauer nicht allzu lange, und anschließend finden alle wieder in den Schlaf. Um 6.30 Uhr fängt es allerdings erneut an, zu regnen. Doch was machen die Jugendlichen? Sie rücken weiter zusammen, so dass keiner komplett im Regen liegen muss – und sie singen! „Vom Aufgang der Sonne bis zu ihrem Niedergang sei gelobet der Name des Herrn". Dreistimmig. Beeindruckend! Später die Sonne kommt auch tatsächlich wieder raus, so dass die nassen Sachen bald wieder trocken sind.

In Neukieritzsch gehen wir einkaufen. Am Vortag haben wir fünf Euro geschenkt bekommen; außerdem erhalten wir 1,24 Euro Pfand für die gespendeten und inzwischen geleerten Flaschen. Von unserem Geld – in Summe 6,24 Euro – kaufen wir Nudeln, Butter, zwei Brote und eine Brezel.

Während einer Regenpause in Neukieritzsch beschließen wir, nicht mehr, wie geplant, nach Deutzen, sondern in das nahe Örtchen Lobstädt zu laufen. Diese Entscheidung erweist sich als Volltreffer, denn dort, in Lobstädt, haben wir bald gleich drei Quartier-Optionen! Wir entscheiden uns für die „Lobelei", ein alternatives Wohnprojekt von drei sympathischen Waldorf-Lehrer-Familien. Der urige Hof wird zusätzlich von jeder Menge Tiere bevölkert, und vor allem die witzigen Seidenhühner sind sehr neugierig. Endlich haben wir einmal richtig Arbeit: Wir befreien mehrere Erdbeer- und Gemüsebeete vom Unkraut. Feuern dürfen wir auch, und am späten Abend bekommen wir noch eine Runde Marshmallows spendiert. Die Krönung aber sind ein Stapel frischer Waffeln und ein leckeres Brot, beides extra für uns gebacken!

Wir brauchen dann anderthalb Stunden, um wenigstens die Hälfte der Lebensmittel, die wir heute Nachmittag ergattert haben, zu vertilgen.

Freitag, 21.7.2023

Lobstätt wird für uns „zu einer Stätte des (Gottes-)Lobs", wie Michael es auf den Punkt bringt. Als wir aufbrechen, loben und danken wir uns dann auch gegenseitig: wir für die erfahrene Gastfreundschaft und die Lobelei-Leute für unsere überraschende Hilfe im Gemüsegarten.

Am letzten Tag steht nur noch die kurze Etappe nach Borna an. Daher können wir es uns leisten, ausgiebig zu frühstücken. Auch für eine etwas ausführlichere Morgenandacht ist Zeit.

Am Bornaer Bahnhof verputzen wir die letzten Reste, spielen „Menschen-Memory" und führen eine Feedbackrunde durch. Sehr schön bringt Elisabeth ihr Fazit auf den Punkt:

Vielen Dank, dass ich dabei sein durfte. Ich habe mich von Anfang an total wohlgefühlt. Die Gemeinschaft war top. Teilweise wurden mit den Gebeten und Liedern Gänsehautmomente erzeugt. Definitiv ein #Marmeladenglasmoment für Herz und Seele.

Mein Kollege Michael schreibt im Rückblick einen ausführlichen Bericht über die Tour. Darin gelangt er zu bemerkenswerten Schlussfolgerungen:

Empfangen
Nur mit einem sehr rudimentären Plan und ohne den sonst üblichen durchgetakteten Tagesablauf mit Verantwortungsbereichen usw. in diese Rüstzeit zu starten, war für mich anfangs eine Herausforderung. Aber genau diese Planlosigkeit macht die 0-Euro-Tour aus, denn nur so hören wir auf, permanent auf uns selbst zu vertrauen. Wofür brauche ich Gott, wenn ich selbst alles in der Hand halte? Stattdessen muss ich meine Hand ständig aufhalten und hoffen, dass ich etwas empfange. Für mich waren diese Momente des Beschenktwerdens besonders eindrücklich:

Egal ob ein Brot, eine Unterkunft oder Mutzbraten – jedes dieser Dinge ist ein Geschenk und wird als solches gefeiert. So lehrt die 0-Euro-Tour Demut und öffnet die Augen für die Geschenke, die wir Tag für Tag empfangen und die im Alltag für uns leider viel zu oft selbstverständlich sind.

Von der 0-Euro-Tour zur 0-Euro-Kirche?

Schon im Vorfeld begegneten mir nicht wenige Erwachsene, die mich mit leuchtenden Augen auf die 0-Euro-Tour ansprachen. Dieser Eindruck setzte sich an vielen Stellen während der Freizeit fort. Jugendliche ohne Smartphone – wo gibt's denn sowas? Menschen zwischen 15 und 20 draußen unterwegs – ist das wirklich möglich? Die sitzen hier und singen? So oder so ähnlich sahen die Reaktionen aus. Kirche wurde so als erfrischend und ermutigend wahrgenommen. Als Gruppe waren wir Verkündiger, ohne dabei viel zu reden und erst recht, ohne in Strukturen zu versacken. Erstaunlich war für mich auch, wie unsere Gruppe, bestehend aus ganz unterschiedlichen Typen, über diese vier Tage zusammengehalten hat. Immerhin 20 Menschen aus ganz unterschiedlichen Regionen und mit ganz unterschiedlichen Hintergründen haben dieses Abenteuer gemeinsam bewältigt und sich gegenseitig bereichert. Ich frage mich schon, ob wir nicht als Kirchgemeinden einiges davon lernen können. Dinge tun, die unerwartet sind. Freundlich auf wildfremde Menschen zugehen. Sicherheiten aufgeben und Strukturen aufbrechen. Überhaupt habe ich während dieser Tour den Eindruck gewonnen, dass Strukturen für das gesellschaftliche und kirchliche Leben hinderlich sein können. In Dreiskau-Muckern konnte jeder auf das Landschulheim verweisen und musste nicht aus seiner Komfortzone kommen, um sich mit uns abzugeben. Erst als die Strukturen uns wirklich nicht mehr halfen, fanden wir auf dem Alten Pferdehof eine Herberge – (eine Begegnung), die für uns und hoffentlich auch für unseren Gastgeber total bereichernd war. Erst als wir in

Güldengossa keinen zuständigen Ansprechpartner erreichten, bildete sich eine Mini-Dorfversammlung, die uns schließlich in Ralfs Garten führte. Plötzlich war Leben, Austausch und Begegnung da, wo man sich sonst nur zurückhaltend zunickte.

Und Gott?

Ich meine, dass in unseren Erlebnissen Gott gewirkt hat. Natürlich könnte der Zweifler nun all unsere Erfahrungen analysieren und sie auf Zufälle und menschlichen Verstand reduzieren. Mit einer Gruppe Erwachsener wären wir bestimmt nicht so freundlich empfangen worden. Wahrscheinlich hätte man uns auch nicht so bereitwillig Essen gegeben. Gut möglich, dass diese Annahme nicht ganz aus der Welt zu schaffen ist. Aber dennoch widerlegt sie nicht Gottes Wirken. Auf der Suche nach Gottes Spuren sind wir nun einmal auf den Blick des Glaubens angewiesen. Erst diese Weltsicht vermag Wunder zu erspüren und himmlische Geschenke als solche anzunehmen. Wo für den Atheisten letztlich nur Wahrscheinlichkeiten und Materie übrig bleiben, sieht der Glaubende Überraschungen, Güte und Barmherzigkeit – und zwar menschlicher und göttlicher Natur. Die Erlebnisse der 0-Euro-Tour in irgendeiner Weise als Beweis für die Existenz Gottes ins Feld zu führen, geht nicht auf. Kaum ein hartgesottener Skeptiker würde sich davon überzeugen lassen. Aber wer schon das Geschenk des Glaubens empfangen hat, wird in manchen Begegnungen und Begebenheiten wohl doch übernatürliches Handeln erkennen. Diese Erkenntnis wiederum kann den Glauben daran stärken, dass da tatsächlich mehr ist, als wir alle sehen.

„Schaut auf die Vögel des Himmels!"
Mittweidaer Schweiz (2024)

Die Null-Euro-Tour 2024 führt uns wieder einmal in eine der sächsischen Gebirgslandschaften, die als „Schweiz" bezeichnet werden. Diesmal ist es die Mittweidaer Schweiz, die wir auf dem Lutherweg durchwandern wollen.

Montag, 1.7.2024

Wir, 18 Jugendliche und ich, sind in Rochlitz verabredet. Die Fahrt dorthin gleicht einer Odyssee: Aufgrund eines Weichenschadens müssen wir ab Freiberg auf den Schienenersatzverkehr ausweichen, mit weiteren Umstiegen in Hainichen und Mittweida. Nur durch die abenteuerliche Raserei einer Busfahrerin gelingt es, die Verspätung auf knapp anderthalb Stunden zu begrenzen. Doch die Verspätung hat auch ihr Gutes, denn auf diese Weise verbringen wir den größten Teil des verregneten Mittags im Bus. Als wir dann 14:00 Uhr endlich unsere Wanderung beginnen, ist das Regengebiet schon fast abgezogen.

Wir beginnen die Null-Euro-Tour mit einem Zitat von Antoine de Saint-Exupéry:

Wenn du ein Schiff bauen willst, dann trommle nicht Männer zusammen, um Holz zu beschaffen, Aufgaben zu vergeben und die Arbeit einzuteilen, sondern erwecke im Busen der Männer die Sehnsucht nach dem weiten, endlosen Meer.

Die Sehnsucht nach Weite spielt sicher auch bei der Null-Euro-Tour eine Rolle. Wo sonst gibt es das Gefühl, ein weites Feld, ein sozusagen weißes Blatt zu beschreiben? Ab jetzt müssen wir keinen Zug, keinen Bus mehr erreichen, keinen Termin einhalten und keiner festgelegten Route folgen. Wir sind frei, zu gehen, wohin es uns treibt, und zu verweilen, wo es passt.

Heute zum Beispiel brauchen wir uns von der Verzögerung durch den Weichenschaden überhaupt nicht unter Druck setzen zu lassen. Wir brauchen ja kein Ziel zu erreichen. Wir laufen einfach bis zum nächsten Ort – in dem Fall ist das Seelitz – und machen uns schon dort auf die Suche nach einem Quartier.

Schnell werden wir fündig: Im Waldhotel ist zwar montags Ruhetag, doch wir werden zum dazugehörigen Reiterhof geschickt. Die Mitarbeitenden dort begegnen uns sehr freundlich, sagen aber, wir müssten mit dem Chef reden. Der rollt kurz darauf in seinem Van auf den Hof, hört sich unser Anliegen an und sagt ohne Zögern: „Übernachten könnt ihr in der Scheune – ich mach' euch dort gleich mal Platz. Das Abendessen könnt ihr euch selber grillen – was ihr dafür braucht, bringe ich euch. Geht los!" Und schon springt er auf seinen Trecker und bugsiert die großen Strohballen aus der Scheune. Zwei Ballen lässt er für uns übrig, damit wir uns damit unser Nachtlager bauen können. Was für eine unkomplizierte und großzügige Gastfreundschaft!

Als nächstes bringt uns Andreas Lorenz, so heißt der Mann, einen ganzen Kofferraum voller Grillgut, einen gut gefüllten Brotkorb, Wurst- und Käseplatten, einen Gemüseteller und einen Kasten Fassbrause. Außerdem stellt er uns einen schönen großen Grill, einen Sack Kohle und Grillgerät zur Verfügung.

Auf dem Hof ist viel Leben, wie wir beim Grillen mitbekommen: Mädchen striegeln ihre Pferde; ein Reiter in Reituniform kommt auf einem edlen Rappen angeritten und spritzt ihn mit Wasser ab, was dieser sichtlich genießt; weitere Pferde traben stolz an uns vorbei in den Stall; und ein Pferdedoktor kommt, um ein Pferd zu heilen. Ich komme ein bisschen mit ihm ins Gespräch. Als er von der Null-Euro-Tour hört, freut er sich: „Dass ich das noch hören darf! Ich bin selbst etliche Jahre auf der Walz gewesen. Aber dass sich Jugendliche heute noch für so etwas begeistern können, hätte ich kaum noch zu hoffen gewagt!"

Nach dem Essen ist Zeit für eine „Emo-Runde" mit Singen und Austausch zur Frage des Tages („Wonach sehnst du dich?"). Danach ist freie Zeit, die die meisten zum Spielen nutzen. Arbeiten müssen wir heute nicht. „Das hat Zeit bis morgen", wie Andreas Lorenz meint.

Dienstag, 2.7.2024

Morgens misten wir ein Stündchen die Geflügelställe aus. Mehr Arbeit ist hier nicht für uns.

Zum Frühstück lädt Andreas Lorenz uns ins Hotel ein! Es gibt ein leckeres Buffet inklusive frischer, weich gekochter Eier aus eigener Produktion. Eine Angestellte erkundigt sich gelegentlich nach unseren Wünschen. Frühstück im Hotel – so etwas hat es bei einer Null-Euro-Tour auch noch nicht gegeben.

Bevor wir weiterziehen, machen wir noch ein Gruppenfoto mit Andreas Lorenz. Der Lutherweg führt uns zum Teil durch den schönen Wald, zum Teil über die Felder. Wir naschen frische Erbsen vom Feld. Das Wetter ist ideal zum Wandern: angenehm frisch, aber nicht zu kalt.

In Frankenau beginnen wir mit der Quartiersuche, jedoch ohne Erfolg. Also beschließen wir, zum nächsten Ort weiterzuziehen: Erlau. Die dortige Pfarrerin mache ich im Internet ausfindig und rufe sie bereits von Frankenau aus an. Sie ist zunächst etwas überrumpelt und führt an, was sie alles nicht bieten kann: Es gibt keine Dusche, nur zwei Toiletten, und der Jugendraum ist gerade eine Baustelle, da die Fenster gestrichen werden. Und auch Essen hat sie für 19 Personen spontan natürlich nicht da. Wir einigen uns daher mit ihr, dass wir auf dem Weg nach Erlau nach alternativen Quartieren Ausschau halten, zur Not aber auf der Erlauer Kirchenwiese übernachten dürfen.

Bereits in Erlau angekommen, klingeln wir an der Tür eines Hofes. Die Bewohnerin sagt, sie würde gerne helfen, zumal sie ihr Kind eigentlich auch bei der Null-Euro-Tour anmelden wollte, was nur aus Termingründen gescheitert sei; sie selbst könne jedoch gerade nicht helfen, da sie im Stress sei. Sie rufe aber einmal jemanden an – und schon ist sie mit dem Handy zugange. Nach dem Telefonat stellt sich heraus, dass es sich bei der Angerufenen um die Pfarrerin handelt, mit der auch ich bereits gesprochen habe, Pfarrerin Zlotowski. Die bestätigt noch einmal, dass wir kommen können.

Als wir kurz darauf auf dem schönen alten Fachwerk-Pfarrhof eintreffen, öffnet die Pfarrerin uns strahlend die Tür. Sie heißt uns willkommen, zeigt uns die Räumlichkeiten, die sich als perfekt erweisen, fährt für uns einkaufen, legt das eine oder andere aus eigenen Beständen dazu, stellt uns Gartenbänke und Feuerschale zur Verfügung und ist ganz fasziniert, als vier von uns ihre Hängematten übereinander in die riesige mehrstämmige Linde spannen, was sie gleich einmal fotografieren muss.

Dank der Einkäufe und der Lebensmittelspenden, die wir bereits in Frankenau erhalten haben, werden wir erneut gut satt. Zum Nachtisch gibt es am Lagerfeuer sogar Schokolade!

Mittwoch, 3.7.2024

Die Nacht war frisch, aber erholsam. Frau Zlotowski spendiert frische Brötchen und alles, was fürs Frühstück sonst gebraucht wird.

Nach dem Frühstück kommt ein Filmteam vom MDR Sachsenspiegel. Dani Striese und ihre Kollegen filmen und interviewen uns etwa zwei Stunden lang bei der Gartenarbeit. Auch diese Leute sind ganz fasziniert von der Null-Euro-Tour.

Es ist schon fast Mittag, als wir endlich aufbrechen. Frau Zlotowski empfiehlt uns, es im „Christlichen Freizeitheim Ringethal" zu probieren. Was sie darüber erzählt, klingt gut, und wir beschließen, ihrer Empfehlung zu folgen, denn das Prinzip, den Empfehlungen der Menschen zu folgen, hat sich bei früheren Touren bewährt.

An der Talsperre Kriebstein lesen wir auf einem Schild, dass der Wanderweg um das Südende der Talsperre gesperrt ist. Wir müssen also entweder einen großen Umweg über Mittweida laufen – oder die Fähre über die Zschopau nehmen. Aber wie das, ohne Geld? Schwer vorstellbar, dass wir damit durchkommen! Wir beschließen, es dennoch zu versuchen. Der Fährmann hört sich verblüfft unser Anliegen an. Doch im nächsten Moment führt er uns zur Fähre. Er muss gleich zweimal für uns fahren, da die Fähre für 19 Personen samt Gepäck zu klein ist. Sein Kommentar: „Ihr seid heute meine größte Gruppe – und dann gibt's nicht mal Kohle dafür!" Doch er sagt es mehr ungläubig, fast staunend, als verärgert oder genervt. Eine Fährfahrt – auch das ist eine Null-Euro-Tour-Premiere. Wir sind sehr dankbar, dass das geklappt hat, und schreiben dem Fährmann noch eine Dankeskarte, die er gerührt entgegennimmt.

Von der Fähre ist es nicht mehr weit bis zum Christlichen Freizeitheim Ringethal. Als wir dort ankommen, treffen wir auf Sandra, eine Gemeindepädagogin, wie sich herausstellt. Sie fragt: „Seid ihr die Null-Euro-Tour?" Wir sind überrascht, denn wir waren ja gar nicht angekündigt. Es stellt sich heraus, dass sie das Projekt vom Hörensagen kennt. (Es ist übrigens wirklich erstaunlich, dass es doch immer einmal vorkommt, dass völlig fremde Menschen, denen wir unterwegs begegnen, von der Null-Euro-Tour wissen! Das Phänomen kennen wir bereits von früheren Touren. Diesmal klappt es gleich zweimal.)

Sandra führt uns zu Michael Weidauer, dem Heimleiter, der ebenfalls Moritzburger Diakon ist. Noch bevor wir die Chance bekommen, uns zu erklären, fragt er, ob wir etwas trinken wollen. Als er versteht, dass wir nicht nur trinken, sondern auch essen, übernachten und arbeiten wollen, steigert sich sein Wohlwollen zur Begeisterung. Er hat sofort Ideen, was wir tun können: den völlig ramponierten Feuerplatz wiederherrichten und abends mit den Jungen von der Freizeitgruppe, die gerade das Heim bevölkert, Fußball spielen. Beides sind Aufgaben ganz nach unserem Geschmack. Die Jungen toben sich an der Feuerstelle regelrecht aus, die hinterher wieder wie neu aussieht.

Das Abendessen nehmen wir gemeinsam mit der Freizeitgruppe an einer langen, aus sechs Biertischen bestehenden Tafel auf der Kirchenwiese ein. Die Kinder sind durchaus neugierig auf die merkwürdige Reisegruppe, die plötzlich in ihre Freizeit geplatzt ist. Beim anschließenden Fußballspiel haben alle einen Riesen-Spaß, was nicht zuletzt an den lautstarken Fans auf beiden Seiten liegt. Die Mädchen der Kindergruppe haben sogar eine akrobatische Cheerleader-Choreografie einstudiert und spornen ihre stolzen Jungen mächtig an.

Bei der gemeinsamen Abendandacht in dem schönen Kirchlein (mit Sachsens kleinster Silbermann-Orgel) sind alle eingeladen, eine Kerze zu entzünden und dabei ein Gebet zu sprechen. Besonders häufig ist zu hören: „Danke für das schöne Fußballspiel!"

Der Tag endet mit einem gemütlichen Feuer an der frisch hergerichteten Feuerstelle. Man sitzt durchaus gut auf den neuen, selbst gezimmerten Bänken.

Am Abend kündigt sich nun auch noch Radio MDR Sachsen für den nächsten Tag an. Eigentlich sind wir froh, dass wir die aufwändigen Dreharbeiten heute erst einmal hinter uns haben – nun also auch noch das Radio…

Donnerstag, 4.7.2024

Unser Schelter unter mit Tarps überspannten Wäscheleinen, in dem sich ein Teil der Gruppe gebettet hat, hat dem nächtlichen Regen nur teilweise standgehalten. Diejenigen, die nass geworden sind, finde ich morgens im Freizeitheim auf dem Fußboden. Gut, dass es diese Ausweichmöglichkeit hier gibt! Der größere Teil hat ohnehin ein festes Scheunendach über dem Kopf gehabt.

Nach der Morgenandacht, die wir wieder gemeinsam mit der Freizeitgruppe in der Kirche feiern, gibt es das Frühstück erneut an der gemeinsamen Riesen-Tafel im Pfarrgarten.

Nach dem Frühstück trifft Katja Lippmann-Wagner vom Sachsenradio ein. Sie hat etwas zum Naschen mitgebracht, womit sie sich bei den Jugendlichen gleich beliebt macht. So wächst die Bereitschaft, sich erneut interviewen zu lassen. Frau Lippmann-Wagner geht von einem zur anderen und befragt jeden, der dazu bereit ist. So fragt sie etwa Romina, was sie an der Tour reizt:

Zum einen gemeinsam unterwegs zu sein; zum andern aus der Komfortzone herauszukommen, in Kontakt zu treten mit anderen Leuten, sie anzusprechen und da gegenseitig von den Menschen was zu bekommen und denen aber auch teilweise ein Lächeln aufs Gesicht zu zaubern.

Ein Phänomen, das sich gerade bei dieser Tour durchzieht.

Dann brechen wir auf. Entlang der Talsperre Kriebstein geht es nach Norden. Nicht überall hat der Wanderweg Platz am Ufer. Wo das Tal zu eng ist, geht es durch teilweise bizarre Felsenlandschaften auf und ab – Mittweidaer Schweiz eben.

Als erstes steuern wir das „Centro Arte Monte Onore" an, das uns Michael Weidauer gestern empfohlen hat. Leider ist Giorgio, der Leiter des alternativ-künstlerischen Zentrums, nicht so spontan wie erhofft und lehnt es aus rechtlichen und organisatorischen Gründen ab, uns aufzunehmen.

Also versuchen wir es mit Michaels zweiter Empfehlung: dem Pfarrhaus in Grünlichtenberg, wo Michael Kreskowsky, Museumspädagoge, Prädikant und Kirchenkurator, zu Hause ist. Michael Weidauer hat ihn bereits am Abend zuvor gefragt, ob wir kommen können. Er antwortete mit dem Wahlspruch der Zisterzienser: „Die Tür steht offen, mehr noch das Herz!" Er fügt hinzu: „Ich bin zwar nachmittags unterwegs, aber ich lasse einfach das Gemeindehaus offen, dann kann die Gruppe schon mal rein." Entspannt.

Wie gut, dass das so unkompliziert möglich ist, denn auf den letzten Metern werden wir noch einmal richtig nass. So können wir die nassen Regensachen ausziehen und es uns im Jugendraum bequem machen. Es dauert drei Stunden, bis Michael Kreskowsky auftaucht, doch mit Spielen und Chillen vergeht die Zeit schnell.

Herr Kreskowsky heißt uns dann herzlich willkommen. Er zeigt uns, wo wir schlafen können (nämlich in der überraschend großen Kirche) und spendiert Nudeln mit Tomatensoße, die wir in der Gemeindeküche zubereiten. Nach dem Essen gibt er uns eine Orgelführung. Besonderes Highlight: die riesigen historischen Blasebälge für den manuellen Betrieb, die wir selbst bedienen dürfen, und zwar unter Einsatz des ganzen Körpergewichtes. Auch auf den Turm führt uns Herr Kreskowsky noch. Es ist schön zu sehen, wie sehr er für all das brennt – sei es die Orgel, sei es der alte Turm, seien es die Glocken. Dabei erklärt er uns alles mit großer Kenntnis und noch größerem Humor.

Der Abend klingt mit Liedern aus, die Romina auf dem Klavier begleitet. Das Liederheft, das sich im Gemeindesaal findet, singen wir fast komplett durch.

Freitag, 5.7.2024

Die Herrnhuter Losungen halten heute das Jesuswort von den Vögeln des Himmels für uns bereit (Mt 6,26): „Schaut auf die Vögel des Himmels: Sie säen nicht, sie ernten nicht, sie sammeln nicht in Scheunen – euer himmlischer Vater ernährt sie." Wie passend! Genau das haben wir auf der Tour ja erlebt: Kein Geld, keine organisierten Quartiere, und doch brutzelte das Fleisch auf dem Grill und das Frühstücksbuffet stand für uns bereit. Im Erlauer Pfarrgarten haben einige von uns wie die Vögel im Baum übernachtet. Und im Christlichen Freizeitheim Ringethal war die Festmahlstafel für uns gedeckt.

Gearbeitet haben wir schon – aber nicht aus Sorge, sondern aus Dankbarkeit für die Gastfreundschaft. Wir wollten einfach etwas zurückgeben. Auch jetzt, am letzten Morgen dieser Tour. Unter Anleitung der Friedhofsmeisterin jäten wir rings um die Kirche das Unkraut.

Dann geht es los zur letzten Etappe. Michael Kreskowsky lässt es sich nicht nehmen, uns mit dem vollen Geläut der Grünlichtenberger Kirche zu verabschieden. Bis Waldheim ist es nicht mehr allzu weit. Gegen Mittag erreichen wir den Bahnhof. Bevor es mit der Bahn Richtung Chemnitz geht, haben wir sogar noch Zeit für ein Abschlussfoto mit dem für die Null-Euro-Tour typischen Schuhkreis. Das Motiv bringt noch einmal die Gemeinschaft zum Ausdruck, die in den letzten fünf Tagen unter uns gewachsen ist.

Sieben Markenzeichen der Null-Euro-Tour

Was 2015 für mich als Experiment begonnen hat, ist inzwischen zur Institution geworden. Seit 2015 findet die Null-Euro-Tour in Sachsen jedes Jahr statt. So ist sie zu einem Markenzeichen der evangelischen Jugendarbeit in Sachsen geworden.

Doch wofür genau steht die Null-Euro-Tour? Für mich sind es vor allem sieben Merkmale: Gottvertrauen, Beziehung, Abenteuer, Niedrigschwelligkeit, Ganzheitlichkeit, Nachhaltigkeit und Kommunikation des Evangeliums, die die Tour ausmachen.

Gottvertrauen

Unter den Markenzeichen der Null-Euro-Tour ist das Thema Gottvertrauen für mich das Wichtigste. Schon seit der Premiere ist mir klar: Die Tour lehrt Gottvertrauen. Ohne Gottvertrauen wäre es schlicht und einfach verrückt, sich ohne Geld und Quartierplanung auf den Weg zu machen. Denn, ganz ehrlich: Wer hat schon einfach mal so Platz, Essen und Arbeit für bis zu 20 Jugendliche? Wer hat ganz spontan die Zeit, sich um so viele Gäste zu kümmern? Es müssen ja Aufgaben verteilt werden, gegebenenfalls Werkzeuge ausgegeben, Schlafplätze zugewiesen und Lebensmittel besorgt werden. Und wenn die Arbeiten über simple Tätigkeiten wie Unkrautjäten hinausgehen, müssen sie auch noch beaufsichtigt werden. Und weiter: Wer hat so viel Vertrauen, wildfremden Jugendlichen sein Haus zu öffnen, und sei es auch nur für den nächtlichen Toilettengang?

Die Situation ist so ungewöhnlich, dass man nach menschlichem Ermessen wohl kaum damit rechnen kann, ausreichend offene Türen zu finden. Und doch passiert genau das. Gut, nicht überall. In den vergangenen zehn Jahren mussten wir mangels eines Quartiers auch zwei Nächte einfach im Wald verbringen. Aber in den allermeisten Fällen sind wir auf offene Ohren und Türen getroffen. Die Grundbedürfnisse wurden immer gestillt. Und zu den Grundbedürfnissen zähle ich jetzt sogar das Bedürfnis, sich gelegentlich gründlich waschen zu können.

So manches Mal hatten wir das Gefühl, dass man regelrecht auf uns wartete oder dass man jedenfalls irgendwie auf unsere Invasion vorbereitet war. Zum Beispiel, als wir 2015 beschlossen, gleich beim ersten Hof, an dem wir in Stützengrün vorbeikommen, zu klingeln und unser Glück zu versuchen. Und dann kamen wir gar nicht dazu, zu klingeln! Beim ersten Hof, an dem wir vorbeikamen, standen die Bewohner schon vor der Tür – und sofort fragten sie, wer wir sind und ob wir etwas trinken wollen! Oder als wir in Mittelherwigsdorf ausgerechnet bei einer Frau klingelten, die in den letzten Jahren Malerarbeiten geplant und vorbereitet hatte, aber nie dazu gekommen war. Und dann stehen da plötzlich 18 Jugendliche vor der Tür – und in dem Moment ergibt es einen Sinn, dass all die Pinsel und Farbtöpfe in der Werkstatt bereitstehen.

Solche Erlebnisse fördern das Gottvertrauen. Zwar ist es dann jedes Mal wieder überraschend, wenn es sich ereignet; doch im Laufe der Jahre ist die Gelassenheit gewachsen. Die Frage, die ich mir zu Beginn einer Tour stelle, lautet nicht mehr: Was, wenn es nicht klappt? Sondern: Welche Überraschungen hält Gott dieses Mal für uns bereit?

Mit Gottvertrauen ist übrigens nicht nur das Vertrauen darauf gemeint, dass man versorgt wird. Das steht natürlich im Vordergrund. Doch darüber hinaus geht es um das Gottvertrauen im umfassenden Sinn. Bei der Null-Euro-Tour werden ja nicht nur die Grundbedürfnisse nach Nahrung und fließendem Wasser gestillt, sondern auch soziale und spirituelle Bedürfnisse. Es ist wohl kein Zufall, dass bei jeder Tour irgendjemand spontan Loblieder anstimmt und die anderen mit einstimmen. Dabei entsteht unwillkürlich der Eindruck, dass dieses Singen ganz von Innen kommt, als Ausdruck tief empfundener Dankbarkeit und gewachsenen Vertrauens.

Nach der Tour 2016 hat Lavinia den Gewinn an Gottvertrauen so auf den Punkt gebracht: „In dieser Woche bin ich Gott näher gekommen." Damit ist im Grunde genommen alles gesagt.

Beziehung

Glaube vermittelt sich in der Regel nicht senkrecht von oben, sondern durch Menschen, denen wir vertrauen. Und Vertrauen braucht Zeit. Um religiöses Vertrauen aufzubauen, braucht es „entweder die länger dauernde Einbindung in religiös motivierte Gruppen oder die Identifikation mit Personen, die als Vorbilder erfahren werden."[10]

Gott selbst ist aus diesem Grund Mensch geworden: um den Menschen den Zugang zu ihm zu ermöglichen! Er verließ die Sphäre der himmlischen Unnahbarkeit und begab sich in die Sphäre der irdischen Verletzlichkeit – und zwar radikal! Kaum eine Beziehung ist so direkt, so unmittelbar wie die zu einem Baby. Sicher

[10] Franz-Xaver Kaufmann, Religion und Moderne, Tübingen 1989, S.226

kein Zufall, dass Gottes Sohn als Kind in der Krippe zu uns kommt!

Bei der Null-Euro-Tour wird der elementaren Bedeutung von Beziehung für die Glaubensvermittlung Rechnung getragen. Es gibt kaum ein anderes Veranstaltungsformat, bei dem so viel Zeit für persönliche Gespräche ist wie bei der Null-Euro-Tour. Wenn man stundenlang miteinander unterwegs ist, ergeben sich solche Gespräche ganz von selbst. Spätestens ab dem dritten Tag geht es dabei immer wieder auch um die ganz großen Themen des Lebens: Stress in der Beziehung oder in der Familie, Selbstwert und Selbstzweifel, Lebensträume und der Traum von einer besseren Welt, Glaube und Zweifel. Diese Themen ergeben sich meistens ganz von selbst.

Übrigens beschränkt sich das Thema Beziehung nicht nur auf die Beziehungen innerhalb der Teilnehmendengruppe; intensive Beziehungen entstehen auch immer wieder zu den Gastgebenden. Da spricht uns eine Frau auf ihrer Suche nach Orientierung in Lebens- und Glaubensfragen an, weil sie spürt, dass wir dazu etwas sagen können; da redet sich ein verwaister Vater seinen Schmerz von der Seele; und ein frisch gebackener Vater teilt seine Freude über die Geburt seines Kindes mit uns.

Wenn wir mit potenziellen Gastgebern in Kontakt treten, kommen wir zum einen mit leeren Händen und sind von daher auf ihre Hilfe angewiesen; zum anderen kommen wir aber auch mit vollen Händen: wir bringen jugendliche Frische mit, fröhliche Lieder, Interesse an den Gastgebenden und, wenn nötig, ein offenes Ohr für ihre Sorgen. Ganz abgesehen natürlich von dem Einsatz unserer Hände. Solche Gäste sind gern gesehene Gäste.

Man kann natürlich fragen, wie nachhaltig die Beziehungsarbeit im Rahmen einer Null-Euro-Tour ist. Für die Mehrheit der Teil-

nehmenden bleibt die Tour eine einwöchige Episode, und die geknüpften Beziehungen sind nicht von Dauer. Das heißt aber nicht,
dass die entstandenen Beziehungen ohne Langzeitwirkung bleiben. Sehr eindrücklich zeigt sich dies am Beispiel von Romina:
2015 nahm sie an der ersten Tour teil. Danach hörte ich acht Jahre
nichts von ihr. Als wir uns 2023 wieder über den Weg liefen,
sprach sie davon, wie eindrücklich die gemachten Erfahrungen damals für sie waren, und dass sie bei der nächsten Tour gern als
Mitarbeiterin dabei wäre.

Davon abgesehen kommt es aber auch vor, dass die während der
Tour geknüpften Beziehungen bewusst gepflegt werden. So hat es
gelegentlich zweitägige Nachtreffen gegeben. Manchmal nutze
ich die Möglichkeit der Weihnachtspost, um mich noch einmal bei
Gastgebenden zu melden, die uns in jenem Jahr aufgenommen haben. Das sind unerwartete Lebenszeichen, die geschätzt werden
und die Verbindung aufrechterhalten.

Abenteuer

Ich kenne kein anderes Freizeitformat für Jugendliche, das so sehr
für Abenteuer steht wie die Null-Euro-Tour.[11] Im Gegensatz zu
anderen Formaten, wie z.B. Escape Rooms, wird bei der Tour die
Spannung nicht künstlich erzeugt, sondern sie ist von Anfang an
real. Wird es gelingen, Essen zu besorgen und das Loch im Magen
zu füllen? Wird es gelingen, ein Quartier zu finden, das Schutz vor
Kälte oder Nässe bietet? Wird es gelingen, mit den schweren

---

[11] Zum Stichpunkt Abenteuer vgl. auch meinen Artikel „Für eine Woche
‚all exclusive'. Mit der ‚Null-Euro-Tour' die Schönheit des einfachen Lebens entdecken, in Praxis Gemeindepädagogik 77/1, Leipzig 2024, S.30-31.

Rucksäcken die nötigen Strecken zu bewältigen? Wird es gelingen, die Menschen von unseren ehrlichen und guten Absichten zu überzeugen und sie als Gastgeber zu gewinnen? Wird es uns gelingen, in der kurzen Zeit zu einer guten Gemeinschaft zusammenzuwachsen? Das alles sind tatsächlich offene Fragen! Und eins ist klar: Die Komfortzone wird hier auf jeden Fall verlassen!

Doch gerade das macht die Tour für viele so interessant. Die unter Jugendlichen so beliebten Mutproben oder Projekte wie „Seven vs. Wild", zeigen, dass es geradezu ein Bedürfnis nach echten Herausforderungen gibt; und das gilt umso mehr, je sicherer und vorhersagbarer das Leben wird. Die Null-Euro-Tour ist insofern eine willkommene Unterbrechung des Alltags, in dem es ja kaum noch echte Abenteuer gibt.

Natürlich kann es bei der Tour auch zu Erfahrungen des Scheiterns kommen. So haben 2017 nach einer verregneten Nacht zwei Mädchen aufgegeben und sich abholen lassen. Das gehört dazu und ist keine Schande. Dasselbe gilt für negative Reaktionen von potenziellen Gastgebern oder Arbeitgeberinnen. So werden wir gelegentlich unfreundlich fortgeschickt, und einmal standen wir sogar unter Islamismus-Verdacht.

Das wusste schon Jesus: „Wenn ihr aber in eine Stadt kommt und sie euch nicht aufnehmen, so geht hinaus auf ihre Straßen und sprecht: Auch den Staub aus eurer Stadt, der sich an unsere Füße gehängt hat, schütteln wir ab auf euch." (Lukas 10,10-11a) Das ist ein weiser Rat, denn es ist ja offensichtlich, dass das Problem mehr auf Seiten derjenigen liegt, die uns abweisen, als bei uns: Wenn sie unfreundlich werden, ist das eine unangemessene Reaktion, und es wäre völlig falsch, sich davon beeindrucken zu lassen oder dies gar persönlich zu nehmen. Nein, hier kann es nur darum gehen, solche Abweisung schulterzuckend zur Kenntnis zu nehmen, um dann weiterzuziehen und die Zurückweisung so schnell wie möglich zurückzulassen. Wenn man so will, kann man auf diese Weise das Loslassen regelrecht trainieren, und darin liegt ja durchaus eine wichtige Schlüsselkompetenz fürs Leben.

Die Null-Euro-Tour ist auch eine erstklassige Gelegenheit, die eigenen Grenzen zu verschieben. Wenn das gelingt, kommt es schon mal zu Rückmeldungen wie der von Nicole: „Ich war kurz davor, aufzugeben. Doch ich habe gedacht: Einen Tag halte ich noch durch. Und da wurde es ja dann besser, also bin ich noch einen Tag geblieben, und noch einen... Und jetzt bin ich froh, dass ich bis zum Ende durchgehalten habe – und ein bisschen stolz bin ich auch." Ein wichtiges Erfolgserlebnis, das vermutlich auch in Nicoles weiterem Leben Früchte tragen wird.

Niedrigschwelligkeit

Die Null-Euro-Tour ist in vieler Hinsicht niedrigschwellig. Die einzige nennenswerte Schwelle ist die Belastbarkeit, die natürlich gegeben sein muss. Das meint zunächst einmal die körperliche Belastbarkeit, doch auch eine gewisse Frustrationstoleranz ist natürlich von Vorteil. Wobei die Null-Euro-Tour auch eine gute Gelegenheit ist, Frustrationstoleranz erst zu lernen. Trotzdem: Besonders, wenn sich Jugendliche anmelden, die unter 15 sind, rede ich vorher mit den Eltern und frage sie, ob ihr Kind den zu erwartenden körperlichen und psychischen Strapazen einigermaßen gewachsen ist.

Doch ansonsten gibt es tatsächlich keine Schwellen. Ganz wichtig ist zum Beispiel, dass die Tour nichts kostet, also jedenfalls für die Teilnehmenden. Die paar Euro, die für den Veranstalter dann anfallen, etwa für Landkarten oder für die Rückfahrt zum Ausgangspunkt der Tour, übernimmt die Landeskirche aus dem Topf für Freizeitförderung, der ohnehin zur Verfügung steht. (Es wäre ja auch komisch, wenn die *Null-Euro*-Tour dann doch etwas kostete.)

Dass die Tour tatsächlich kostenlos ist, ermöglicht auch finanzschwachen Jugendlichen die Teilnahme, die sich andere Freizeitangebote nicht leisten können. Meistens sind dann auch solche Jugendliche dabei.

Die Erfahrung zeigt, dass die Null-Euro-Tour auch von Personen mit leichten geistigen Behinderungen bewältigt werden kann. Es gibt jedenfalls kein geistig anspruchsvolles Programm, zum Beispiel längere Bibelarbeiten oder ähnliche Bildungseinheiten. Das Wissen, das im Rahmen der Tour erworben wird, ist vor allem Erfahrungswissen. Das schließt natürlich anspruchsvolle Gespräche und Diskussionen zwischen einzelnen Teilnehmenden nicht aus. Bei den Gesprächen in der Gesamtgruppe aber bleibt niemand ausgeschlossen.

Die Null-Euro-Tour ist schließlich auch für Nicht-Christen und für Angehörige anderer Religionen offen. Zwar gibt es spirituelle Impulse, doch die sind dezent. Der Tag beginnt mit einem kurzen geistlichen Start, zum Beispiel auf der Grundlage eines Bibelverses. Oft wird daraus eine Frage abgeleitet, die der Gruppe an diesem Tag mit auf den Weg gegeben wird. Im Laufe der Tour kommt es dann meistens irgendwann zu einem ausführlicheren Gruppengespräch, bei dem es sinnvoll ist, mitgebrachte Bibeln aufzuschlagen. Abends wird ein Abendgebet gesprochen. Ansonsten werden vor allem Taizé-Lieder u. ä. gesungen. Doch gerade der Anstoß zum Singen kommt oft von den Teilnehmenden selbst: Jemand stimmt ein Lied an, und die anderen stimmen mit ein.

Die Erfahrung zeigt, dass auch muslimisch oder buddhistisch sozialisierte Teilnehmende kein Problem mit diesem dezenten christlichen Programm haben. Vielmehr sind sie in der Regel dankbar für die Gelegenheit, gelebtes Christsein hautnah zu erleben, und machen einfach mit.

Lernen in der Begegnung

Als Maßnahme der Evangelischen Jugendarbeit ist die Null-Euro-Tour mit einem Bildungsauftrag verbunden. Sie ist ein ausgesprochen ganzheitliches Bildungsprojekt. Hier steht nicht das theoretische Lernen im Vordergrund, sondern das „Lernen in der Begegnung"[12].

Das gilt zunächst für die Begegnung innerhalb der meistens recht heterogenen *Teilnehmergruppe*: So erfährt der Schulabbrecher aus einfachen Verhältnissen in der Begegnung mit dem Studenten eine geistige Horizonterweiterung; umgekehrt ist es für diesen herausfordernd, sein Interesse für die Theologie so erklären zu müssen, dass jener versteht, wovon er spricht. Oder die Utopistin, die von einer Gesellschaft ohne Besitz und Geld träumt, trifft auf die junge Frau aus Vietnam, die in der Hoffnung auf eine auch wirtschaftlich bessere Zukunft nach Deutschland gekommen ist: spannend, wie durch diese Begegnung eigene Maßstäbe und Ideale auf beiden Seiten hinterfragt werden. Dasselbe gilt für die Begegnung zwischen dem im Afghanistan aufgewachsenen Jugendlichen, der durch seine religiöse Sozialisation eine selbstverständliche Identität als Muslim erworben hat, und der im christlichen Glauben erzogenen jungen Frau, der ihre Glaubensüberzeugungen inzwischen fraglich geworden sind.

---

[12] Vgl. Johannes Lähnemann, Lernen in der Begegnung. Ein Leben auf dem Weg zur Interreligiosität, Göttingen 2017

Doch auch die Begegnung der Teilnehmenden mit einer für sie ungewohnten *Situation* löst wichtige Lernprozesse aus: Die Konfrontation mit der ungewohnten Situation der Ressourcenknappheit öffnet den Jugendlichen die Augen dafür, dass sie sonst in einer Situation des Überflusses leben, was sie dann auch in Frage stellen lässt, wie selbstverständlich sie dies normalerweise hinnehmen: „Man lernt, dass es nicht selbstverständlich ist, ein Dach über dem Kopf und genug zu essen zu haben. Und deshalb wird man dankbar, wenn man es dann doch bekommt." (Theresia) Die Einsicht in die Notwendigkeit des Teilens folgt daraus fast schon automatisch: „Ich habe gemerkt, dass man teilen muss." (Tom) Die Konfrontation mit der herausfordernden Situation, ohne regelmäßige Mahlzeiten, ohne Absicherung und ständige Zerstreuung leben und dabei auch körperlich ungewohnte Belastungen bewältigen zu müssen, führt bei den Jugendlichen oft zu einer Verschiebung ihrer persönlichen Grenzen und im Endeffekt auch zu einer Steigerung des Selbstbewusstseins: „Ich habe etwas geschafft, was ich vorher nicht gedacht hätte. Das macht mich selbstbewusst." (Ali)

Schließlich kommt es auch in der Begegnung zwischen den Teilnehmenden und den *Menschen*, denen wir auf unserer Wanderschaft begegnen, immer wieder zu Lernprozessen. Ein Mann, der in der Nachbarschaft als mürrisch und hartherzig bekannt ist, beobachtet das fröhliche Treiben im Garten seines Nachbarn, springt über seinen Schatten und spendet die Reste vom Grillabend am Vortag. Unsere Anwesenheit bringt ihn dazu, seine Einstellung gegenüber Hilfsbedürftigen zu korrigieren! Eine Frau, die sich in einer persönlichen Krise befindet, beobachtet, wie die Gruppe singt und betet, probiert das mit dem Beten selbst einmal aus und bekommt plötzlich neue Kraft – der erste Schritt zu einer umfassenden Lebenswende. Umgekehrt lässt sich ein Teilnehmer von der Leidenschaft beeindrucken, mit der Gemeindeglieder ihre Kirchen präsentieren. Sein Fazit: „Nach den beiden Kirchenführungen ... merke ich, wie sich meine Haltung verändert. Für diese Kirchen opfern Menschen einen großen Teil ihrer Kraft. Da kann man die nicht einfach abreißen." (Jakob)

Es kann vorkommen (und ist in einem Fall auch vorgekommen), dass das religiöse Programm der Null-Euro-Tour als unzureichend empfunden wird. Im Vergleich zu anderen christlichen „Rüstzeiten" fällt hier das gemeinsame Bibellesen und der Austausch darüber relativ knapp aus. Die Lernprozesse im Rahmen einer Null-Euro-Tour sehen eben anders aus als sonst oft. Das heißt aber nicht, dass das Lernen hier weniger effektiv wäre – im Gegenteil! Wer zum Beispiel nach einer einfachen, aber sättigenden Mahlzeit mit Lebensmitteln, die er von völlig fremden Menschen geschenkt bekommen hat, vom Gleichnis von den Vögeln unter dem Himmel und den Lilien auf dem Felde[13] hört, der wird vermutlich ein tieferes Verständnis für dieses Bild entwickeln, als der, der diesen Erfahrungshintergrund nicht hat.

Für derartige Lernprozesse ist die biblische Botschaft nur *ein* Element; ebenso konstitutiv ist die pädagogische Situation. Die Organisation des Lernprozesses liegt nun darin, beides miteinander zu vermitteln. Das mag nach den Maßstäben rein theoretischer Wissensvermittlung defizitär erscheinen, doch die größere Wirkung dürfte am Ende auf Seiten eines solchen ganzheitlichen Lernens liegen.

---

[13] Matthäus 6,26-29.

Nachhaltigkeit

Die Null-Euro-Tour verwirklicht, was unter dem Stichwort „Ethik des Genug" gefordert wird: „Die Bibel inspiriert uns zu einer ‚Ethik des Genug': Gott will, dass alle Menschen genug zum Leben haben. Um unserer Seele willen dürfen wir, die wir schon wohlhabend sind, uns nicht im Streben nach immer mehr Besitz und Vermögen aufreiben. Wir können miteinander teilen, anderen *genug* zukommen lassen und *es uns genug sein lassen.*"[14]

Die Ethik des Genug ist gewissermaßen der Königsweg im Umgang mit den knappen Ressourcen unserer Erde. Ohne Einübung in den Verzicht ist die Umwelt schlechterdings nicht zu retten.

Genau das geschieht bei der Null-Euro-Tour. Man schränkt sich probeweise ein und macht dabei die Erfahrung, dass das Leben dadurch keineswegs ärmer wird. Man überlebt auch gut ohne Geld, und was man an aufregenden Erfahrungen dazugewinnt, wenn man ohne Geld unterwegs ist, macht das Defizit an Komfort mehr als wett. Das ist eine geradezu unbezahlbare Erkenntnis, die im besten Fall auch im Alltag fruchtbar wird: Da erscheint das „Leben mit leichtem Gepäck" (Silbermond) als attraktive Alternative zur Überflussgesellschaft. Theresia bringt das so auf den Punkt: „Mir war noch nie so bewusst, was das heißt, wenn wir beten: ‚Unser tägliches Brot gib uns heute!' Nämlich jeden Tag das Brot für diesen Tag zu erbitten und darauf zu hoffen, dass wir es auch bekommen."

Erstaunlich ist übrigens, dass es nicht nur ohne Geld geht, sondern auch ohne Handy. Bei keiner der Touren hat jemand sein Handy

---

[14] Nikolaus Schneider, „Ethik des Genug" – Impulse aus der Ökumene und der kirchlichen Entwicklungsarbeit,
https://www.ekd.de/2013_01_31_schneider_ethik_des_genug_tu_berlin.htm
(aufgerufen am 27.10.2024).

vermisst. Die Zeit wird wie selbstverständlich anders gefüllt: lange Gespräche, Singen, Spielen, Malen, Fotografieren, herumtoben, auf Bäume klettern, all die Dinge, die man als junger Mensch macht, wenn man nicht gerade durch das Handy abgelenkt ist.

Die Null-Euro-Tour ist nicht nur im ökologischen Sinne nachhaltig, sondern im umfassenden Sinne von Gerechtigkeit, Frieden und Bewahrung der Schöpfung:

Gerechtigkeit spielt jedes Mal eine Rolle, wenn knappes Essen geteilt werden muss. Für manchen Jugendlichen ergibt sich dabei durchaus ein Aha-Effekt: Auch ein Stück Kuchen kann man teilen. Es sind zwar kleine Teile, die dabei herauskommen, aber so haben alle etwas davon und nicht nur der, der den Kuchen gerade zufällig in die Hand gedrückt bekommt. Auch Solidarität ist ein Thema: Wenn einer nicht mehr kann, wird sein Gepäck auf die Rucksäcke derjenigen verteilt, die noch Kraftreserven haben. Das bringt am Ende die ganze Gruppe voran.

Frieden wird dann gefördert, wenn durch die Begegnung mit den Gastgebenden Vorurteile abgebaut werden. So wurden im Laufe der Jahre Vorurteile gegenüber Hilfsbedürftigen abgebaut, die plötzlich nicht mehr als faule Schmarotzer erscheinen, sondern als hilfsbereite Jugendliche, die richtig zupacken können. Auch Vorurteile gegenüber Kirche und Glauben sind relativiert worden. In jedem Fall geschieht sowohl in der Gruppe als auch in der Begegnung mit den Gastgebenden Verständigung über den Tellerrand hinweg.

Schließlich die *Bewahrung der Schöpfung*: Das wichtigste Thema in diesem Zusammenhang ist die bereits genannte Ethik des Genug. Darüber hinaus trägt aber auch das intensive Natur-Erleben zur Wertschätzung für die Schöpfung bei. Dass bei der Null-Euro-

Tour die Natur geschützt wird, versteht sich von selbst. Entstehender Müll wird ordnungsgemäß entsorgt. Mehr noch: Neben dem Unkrautjäten gehört das Müllsammeln zu den häufigsten Dienstleistungen, die wir für unsere Gastgebenden erbringen.

Da die Null-Euro-Tour das Anliegen der Nachhaltigkeit in ihren verschiedenen Aspekten verfolgt, gilt sie als Modellprojekt des „Ökumenischen Weges", der sich in Rückgriff auf den „konziliaren Prozess" für Gerechtigkeit, Frieden und Bewahrung der Schöpfung einsetzt.[15]

Kommunikation des Evangeliums

Die Null-Euro-Tour ist ein Unternehmen, das in besonderer Weise geeignet ist, das Evangelium zu kommunizieren. Im Grunde genommen ist das Thema jeder Tour Gottvertrauen. Man könnte auch sagen: der Glaube. *Glaube* ich, dass es möglich ist, ohne Geld und organisierte Quartiere zu überleben? *Traue* ich Gott *zu*, uns zu versorgen und die nötigen Herzen und Türen für uns zu öffnen? *Vertraue* ich dem wohlmeinenden, fürsorglichen Vater im Himmel?

Wenn es gutgeht, tragen die Erfahrungen im Rahmen einer Null-Euro-Tour dazu bei, dass der Glaube wächst. So bringt Lavinia es auf den Punkt: „In dieser Woche bin ich Gott näher gekommen."

Doch die Kommunikation des Evangeliums betrifft nicht nur die Teilnehmenden. Sie betrifft auch die, denen wir auf dem Weg begegnen. Als Jesus die Jünger aussendet, gibt er ihnen mit: „Wenn

---

[15] Vgl. https://www.oekumenischerweg.de/project/null_euro_tour/ (aufgerufen am 27.10.2024)

es das Haus wert ist, kehre euer Friede dort ein." (Matthäus 10,13a) Genau dies kann man auf der Null-Euro-Tour erleben: dass Friede einkehrt in die Häuser der Gastgebenden. Da findet ein Mann ein offenes Ohr, vor dem er sich seinen Kummer von der Seele reden kann (Herr Möckel). Da schöpft eine Frau wieder Mut: Mut für ihren Gemüsegarten und damit auch irgendwie für ihr Leben. (Frau Hanson) Da empfindet eine Frau in der Begegnung mit uns „Frieden, Staunen, Ehrfurcht und große Dankbarkeit" (Doris).

In all dem ereignet sich das, was die Bibel „Schalom" nennt: Heil, Wohlfahrt, Sicherheit und Frieden. Im besten Fall wird dabei deutlich, dass wir diesen Schalom nicht aus uns selbst heraus haben, sondern dass wir Träger von Gottes Schalom sind. Wo das geschieht, ist das ein Ausdruck des Evangeliums, also der Guten Nachricht Gottes für die Welt.

Wenn man so will, kann man hier also von „Mission" sprechen. Freilich kommt das Missionsverständnis der Null-Euro-Tour dem jüdischen Missionsverständnis näher als dem klassischen christlichen Missionsverständnis. Es gibt hier keinen Aufruf zur Bekehrung oder überhaupt eine Initiative zur „Rettung des Seelenheils" der Menschen. Vielmehr steht das zeugnishafte Leben im Vordergrund. Und dieses Zeugnis wird ja durchaus wahrgenommen, so dass Menschen aufmerksam werden und nachfragen; etwa, wenn die Zeltnachbarin fragt: „Wie kann man denn eigentlich so gut drauf sein wie ihr?" Das hat etwas mit Paul Claudels Prinzip „Rede nur, wenn du gefragt wirst, aber lebe so, dass man dich fragt" zu tun.

Trotz dieser Zurückhaltung ist es jedoch nicht ausgeschlossen, dass es durch die Null-Euro-Tour zu Glaubensentscheidungen kommt. Das zeigt die Taufe von Doris, einer Gastgeberin der Tour von 2019.

Fragen und Antworten zur Null-Euro-Tour – die wichtigsten Praxistipps

Wer eine Null-Euro-Tour plant, muss sich mit ganz konkreten Fragen beschäftigen. Einige dieser Fragen samt der entsprechenden Antworten seien hier zusammengestellt.

Wie groß ist der Bedarf an Mitarbeitern?

Es empfiehlt sich ein Mitarbeiterschlüssel von 1 : 3 bis 1 : 4. Bei 15 Teilnehmenden wären das 4-5 Mitarbeitende. So kann man die Gruppe gegebenenfalls in Kleingruppen zu viert oder fünft aufteilen, was die Suche nach Essen und Quartier erleichtert.

Wie groß ist der Zeitaufwand?

Der zeitliche Aufwand ist gering: Im Vorfeld reicht ein zwei- bis dreistündiges Vorbereitungstreffen der Mitarbeitenden. Wenn die Teilnehmenden alle aus derselben Region kommen, ist auch ein Vorbereitungstreffen mit den Teilnehmenden sinnvoll, insbesondere um Wanderunerfahrene vorzubereiten und sich vielleicht schon einmal Wanderschuhe, Rucksäcke und Schlafsäcke zeigen zu lassen. Man staunt gelegentlich, was man da zu sehen bekommt!

Die Durchführung selbst dauert 5-6 Tage. In der Hardcore-Variante mit Arbeitseinsätzen ist das aufgrund der intensiven Belastung völlig ausreichend. In der Light-Variante kann die Null-Euro-Tour freilich länger dauern.

Welche Kosten entstehen für das Projekt und wie wird es finanziert?

Bei einer 20köpfigen Gruppe bleiben die Gesamtkosten im niedrigen dreistelligen (für etwas Notproviant und den Bus/Zug zurück zum Ausgangspunkt am letzten Tag; einmalig ist etwas Ausrüstung anzuschaffen, vor allem Tarps und Campingkocher). Für die Teilnehmenden entstehen lediglich die Kosten für die An- und Abreise.

Was ist organisatorisch und methodisch zu beachten?

Geld und Handys der Teilnehmenden werden am ersten Tag eingesammelt und am Ausgangspunkt in einem Fahrzeug eingeschlossen, einer zurückbleibenden Vertrauensperson zur Verwahrung übergeben oder von den Mitarbeitenden getragen. Darüber sind die Teilnehmenden natürlich im Vorfeld zu informieren. Die Mitarbeitenden behalten ihre Handys, benutzen sie während der Tour aber nur zur Verständigung untereinander (für den Fall, dass man sich in Kleingruppen aufteilt).

Wie bei jeder Wanderung kommt es vor allem auf gute, eingelaufene Schuhe und einen leichten Rucksack (mit Inhalt max. 10 kg) an. Auf beides kann erfahrungsgemäß kaum deutlich genug hingewiesen werden. Auch Schlafsäcke und Isomatten erweisen sich manchmal als nicht ausreichend. Unter freiem Himmel kann es auch im Sommer kühle Nächte geben!

Erfahrungsgemäß melden sich immer auch Jugendliche an, die noch sehr jung sind. Eigentlich geht es erst ab 15 Jahren los. Bei jüngeren Interessierten sind am besten die Eltern zu fragen, ob sie ihren Kindern die Belastung zutrauen. Wenn ja, können sie mitgenommen werden; auch 13- oder 14jährige verfügen zum Teil schon über die ausreichende Belastbarkeit. Die große Altersspanne – es geht bis 20 Jahre – ist in der Regel kein Problem!

Anhang

Akteure der Null-Euro-Tour

Aktuell bieten folgende Einrichtungen und Akteure die Null-Euro-Tour an:

Weigle-Haus https://weigle-haus.de/ - seit 2006[16]

Ev. Jugend Sachsen https://evjusa.de/ - seit 2015

SMD https://schuelerfreizeiten.smd.org/ - seit 2021

---

[16] Die Null-Euro-Tour geht auf Katrin Lindner zurück, die als Mitarbeiterin des Weigle-Hauses 2006 die erste Tour unter diesem Namen durchgeführt hat, vgl. Katrin Linder in: Klaus Göttler/Martin Werth (Hg.), Kirche kreativ. Erprobte Ideen für eine gelingende Gemeindearbeit, SCM-Verlag Witten 2011, S. 145-147.

Packliste

Aus jeder Zeile bitte jeweils *nur eine Zelle* beachten!

Notwendig ist...	Empfehlenswert ist...	Optimal ist...
Ein Trekkingrucksack, der dir passt (nicht zu groß!) und mit dem du 8-10 kg gut tragen kannst. Es sollte (außer der Isomatte) alles hineinpassen und zusätzlich noch etwas Platz (z.B. für „ergatterte" Lebensmittel) bleiben.		
Gut eingelaufene Schuhe, in denen du lange gehen kannst		Gut eingelaufene, leichte und bequeme *Wander*schuhe
		Leichte Sandalen oder Crogs zum Wechseln
Isomatte		
Schlafsack (sollte nicht mehr als 2 kg wiegen; auch im Sommer kann es kalte Nächte geben → der Schlafsack sollte nicht zu dünn sein!)		
Regenjacke		Regenponcho, der auch den Rucksack bedeckt
Kopfbedeckung gegen Sonne		
	Sonnenbrille	
Sonnencreme		
2-3 T-Shirts		
1 Pullover		
1 lange + 1 kurze Hose		1 Hose mit abzippbaren Beinen
Socken und Unterwäsche		
1 Handtuch		Leichtes Outdoor-Handtuch
Zahnbürste + -creme		
Insektenschutz		
Badehose bzw. Bikini		
2 Wasserflaschen (übliche Mehrwegflaschen reichen aus; kein Glas!)		
	Taschenlampe	Stirnlampe
Campinggeschirr und -besteck	Taschenmesser	
	Kleine Taschenbibel oder -NT	
Krankenversicherungskarte		

Literatur

Linder, Katrin: Null-Euro-Tour. Kostenlose Freizeit – unbezahlbare Erfahrung, in: Klaus Göttler/Martin Werth (Hg.), Kirche kreativ. Erprobte Ideen für eine gelingende Gemeindearbeit, SCM-Verlag Witten 2011, S. 145-147.

Scott, Martin: 0-Euro-Tour. Das vergessene Abenteuer mitten in Deutschland für lau, in: Kehrberger, Michael und Jürgen (Hg.), Unterwegs Neues wagen. Freizeitkonzepte – ein Stück Himmel auf Erden für Jugendliche kreativ gestalten, buch+music-Verlag Stuttgart 2016, S.18-29

Bildnachweis

Die Fotos auf den Seiten 66, 67 und 73 hat Magdalena Jahr aufgenommen.

Das Foto auf Seite 99 hat Sarah Schade aufgenommen.

Alle anderen Fotos hat Johannes Bartels aufgenommen.